張仁青著

六十年來之駢文

文史哲出版社印行

國家圖書館出版品預行編目資料

六十年來之駢文 / 張仁青著. -- 初版 --
臺北市：文史哲，民 66.04
面；　公分
ISBN 978-957-547-737-0（平裝）

六十年來之駢文

著　　者：張　仁　青
出 版 者：文　史　哲　出　版　社
http:// www.lapen.com.tw
e-mail :lapen@ms74.hinet.net
登記證字號：行政院新聞局版臺業字五三三七號
發 行 人：彭　正　雄
發 行 所：文　史　哲　出　版　社
印 刷 者：文　史　哲　出　版　社
臺北市羅斯福路一段七十二巷四號
郵政劃撥帳號：一六一八〇一七五
電話886-2-23511028・傳真886-2-23965656
實價新臺幣一二〇元
一九七七年（民六十六年）四月初版

ISBN 978-957-547-737-0　　88302

六十年來之駢文目次

前言

中國文字之特質，爲孤立與單音（Monosyllabic-isolating language）。惟其爲孤立，故宜於講對偶，在形式上卽形成爲整齊美。惟其爲單音，故宜於務聲律，在音韻上卽形成爲音節美。遂使中國文學成爲世界上最優美亦最具姿采之文學，此固夫人而知之者也。蓋世界各國之文學，因受多音節文字之限制，依其體式，衹能畫爲散文（Prose）與韻文（Verse）兩大類。惟有中國文學，除此二者之外，別有一特種文藝焉，則駢文是已。斯文也，既非純粹之散文，亦非純粹之韻文，蓋謂之爲散文，則彼既著重聲調之諧婉鏗鏘，同時亦考究字句之整齊勻稱，非若散文之字句參差，聲調錯落也。謂之爲韻文，則彼衹著重句中平仄之相間，而不必押句末之腳韻，非若韻文之通體用韻也。由是觀之，斯文實爲一非散非韻亦散亦韻之特殊文體，亦中國文化精神所孕育之絕妙文藝，乃舉世所未有，中邦所僅見者。儀徵劉申叔氏有云：「儷文（案卽駢文）律詩爲諸夏所獨有，今與外域文學競長，惟資斯體。」（中古文學史）斯言諒矣。

吾國自有文章，卽有駢體，駢體蓋挾中國文學以俱來，此種高華優美之文體，厚培深植，極數千年之斟酌損益而成，況其藻采繽紛，神韻緜遠，踵襲雅騷之遺，光昭正始之音，蔚爲此一民族之特殊文藝，謂宜光大盛業，緜衍無窮。乃不意自鼎革以後，一般思想急進之士，高呼科學（Science）與民主（Democracy）之口號，提倡白話以替代通行數千年之文言，而文必廢駢，詩必廢律之謬說，尤其囂然塵上，謂駢文乃專制時代少數高級知識分子之寵物，非盡人所能學，尤不周於世用，及其末也，且以一無價值之死文學目之矣。揆其用心，則無非震於西洋物質文明之高度發展，非中邦之所能逮，遂以爲人無不是，而我莫不非，詆娸中國文化爲不值一錢，必欲一舉而摧陷廓清之而後已，駢文特其目標之尤著者耳。流風所扇，莘莘學子，類都醉心泰西新學，致力左行文字，則此調之不復爲世彈也必矣。雖然，間亦有閬苑學士，錦繡才人，朝斯夕斯，寢斯饋斯者，究如曇花之一現，且其意亦止於表潔揚芬，用存國粹而已，非必欲強人以從同也，其視前代之朝野翕然，風行草偃者，相去寧可以道里計耶。泚筆至此，不禁扼腕三歎。

六十年來，在極少數之駢文作家中，其作品之光映朗練，增華邦國，享高名於一代，振奇響於千秋者，吾得十人焉：曰劉師培、曰李詳、曰樊增祥、曰易順鼎、曰饒漢祥、曰孫德謙、曰黃侃、曰黃孝紓、曰陳含光、曰成惕軒。之數子者，或泛濫於魏晉，或馳騁於齊梁，或出入於三唐，或頡頏於兩宋，或擥秀羣芳，兼容並蓄，或一空依傍，自鑄偉辭。可謂人握隋珠，家抱荆玉，彬蔚之美，競爽當年。今各爲條論，用紀清芬云爾。

民國六十年十月張仁青識於國立臺灣師範大學國文研究所。

六十年來之駢文

張仁青 著

一、劉師培　師培字申叔，號左庵，江蘇儀徵人，曾祖文淇，祖毓崧，伯父壽曾，均以治春秋左氏傳名於清道咸同光之世，父貴曾，亦以經術有聲於時。師培自幼敏捷，讀書一目輒十行下，記誦久而弗渝。年十二，卽讀畢四子書及五經，出語恆驚其長老。弱冠，至上海，與餘杭章太炎先生過從甚密。既而易名光漢，著攘書，倡言排滿復漢，鼓吹革命。又與黃節鄧實諸人創國學保存會，刊行國粹學報，張皇國學，蜚聲中外。後亡命日本，旋歸國，任四川國學院講師。民國初年，爲國立北京大學及國立北平女子師範大學教授。袁世凱稱帝，師培以參政楊度之提挈，與孫毓筠、嚴復、李燮和、胡瑛等發起籌安會勸進，卽世稱籌安六君子也。民國八年卒，年三十六。所著書經其弟子陳鍾凡、劉文典之搜集整理，爲劉申叔先生遺書凡七十四種傳於世。

申叔少席先業，服膺儒學，焚膏繼晷，兀兀窮年，世變紛綸，匪所能悉，潭古之深，並世諸子，鮮有出其右者。清代經師治古文者，自高郵王氏父子以降，迄於定海黃以周，德清俞樾，瑞安孫詒讓，各揭厥識，匡微補缺，闡發宏多。若夫廣徵古說，足諍馬、鄭之違，且鉗今師之口，則諸家未之或逮，故述造視前師爲渻，而精當寖寖過之，信乎研精覃思，持之有故者矣。又歷檢羣籍，至於內典道藏，無不究宣，嘗取老莊荀呂賈董之書，讎正譌脫，獨創新解，按文次列，計所發正，凡數百事，均乾嘉諸老之所未詮。每論定一說，必旁推交通，百思莫能或易，乃著簡畢，而術業專攻，則在周禮、左氏春秋。

至其文學思想，則是堅決主張駢文爲中國文章之正宗，散文祇堪作著述之用，固不得謂之「文」也。此種唯美主義（Aestheticism）之文學思想，溯源至遠，請得縷而述之。

駢文至六朝，而後美之質素始畢具，重以作者繁興，揚風扢雅，美文於焉稱盛。然進化之跡，由簡趨繁，乃屬恆理。駢文盛而駢散文之分亦益著（案古代之文駢散不分），於是美文號稱文，而散文號稱筆，判若涇渭，不可強同。南史顏延之傳：「宋文帝問延之諸子才能，延之曰，竣得臣筆，測得臣文。」故梁元帝金樓子立言篇云：「古人之學有二，今人之學者有四，夫子門徒，轉相師授，通聖人之經者謂之儒，屈原宋玉枚乘長卿之徒，止於辭賦，則謂之文。今之儒博窮子史，但能識其義，不能通其理者，謂之學。至如不便爲詩如閻纂，善爲章奏如伯松，若此之流，汎謂之筆。吟詠風謠，流連哀思者，謂之文。」又云：「至如文者，惟須綺縠紛披，宮徵靡曼，脣脗遒會，情靈搖蕩。而古之文筆，今之文筆，其源又異。」其爲美文下一界說，可謂詳盡。劉勰文心雕龍總術篇云：「今之常言，有文有筆，以爲無韻者筆也，有韻者文也。」蓋南北朝時文多偶行，且尚藻采聲韻，只認有藻采聲韻者爲文，至少亦必偶語方得爲文，反於此者則謂之筆，不謂之文。唐時猶沿其習，如昌黎韓氏之古文，時人稱之爲筆，白居易與元九書亦有「各纂詩筆」之語。梁昭明太子文選所選之文，必「綜緝辭采，錯比文華，事出於沈思，義歸乎翰藻」，而不錄經史子，以其爲筆也。逮乾嘉之際，阮元據孔子之周易文言以論文，堅決主張必協音成韻，修辭用偶，乃得命之曰文，否則祇能謂之言，謂之語。此殆針對唐宋古文八家及桐城派排斥駢偶以散體爲古文者而發，意在說明古代文章欲求簡明，便記憶，不得不用駢儷韻文，以爲駢文尋得理論根據。此種文學思想，實肇自蕭氏之文選，其書文選序後曰：「或曰，昭明必以沈思翰藻爲文，於古有徵乎。曰，事當求其始。凡以言語著之簡策，不必以文爲本者，皆經也，史也，子也。言必有文，專名之曰文者，自孔子易文言始。傳曰，言之不文，行之不遠，故古人言貴有文。孔子文言，實爲萬世文章之祖，此篇奇偶相生，音韻相和，如青白之成文，如咸韶之合節，非清言質說者比也，非振筆縱書者比也，非詰屈澀語者比也。是故昭明以爲經也史也子也，非可專名之爲文也，專名爲文，必沈思翰藻而後可也。」阮氏既作文言說，又作文韻說，以申劉彥和「有韻者文也」之意，謂韻「指各文章句之內，有音韻宮羽（即平仄）而言，非謂句末之押腳韻也。是以聲韻流變而成四六，亦祇論章句中之平仄，不復有押腳韻也。四六乃有韻文之極致，不得謂之爲無韻之文也。昭明所選不押腳韻之文，本皆奇偶相生，有聲音者，所謂韻也。文言固有韻矣，而亦有平仄聲音焉。」後又命其子福作文筆對，以爲文取乎沈思翰藻，吟詠哀思，故有情辭聲韻者爲文，直言無文采者爲筆。自阮氏倡爲此說，父子相繼，至晚清民國之交，申叔復起而大張其軍，撰文說廣文言說文筆詩筆詞筆考載於國粹學報中，又本此旨撰中古文學史講授於國立北京大學，其補充文心雕龍及阮氏之說有云：「偶語韻詞謂之文，凡非偶語韻詞，概謂之筆。蓋文以韻詞爲主，無韻而偶，亦得稱文。金樓所詮，至爲昭晰。」尤嚴拒散體於文學之外矣。

申叔於學無所不窺，畢生精力，奪於著述，成書數百卷，聲光煒然，衆口交譽，華國文章，遂爲所掩。今取左庵文集觀之，其中隨珠趙璧，璀璨滿紙，每一篇出，世爭傳誦，如普告漢人、衡報發刊詞、君政復古論、定命論、聯邦駁議、廖氏學案序、吟蕙堂詩集序、呂玄屏江左臥遊圖序、松陵文集序、駢文讀本序、國粹學報三週年祝辭、六儒頌、清故四川郎補道蘇君墓碑、沈夫人五十壽序、曠情賦等，莫不金聲玉潤，繡錯綺交，跡其所造，雅近齊梁，由其蘊蓄之淵深，故能結體之高逸，江山文藻，鬱爲不朽矣。今略錄一二首，雖不足以窮其韻語麗辭之絕詣，讀者嘗鼎臠，窺豹斑可也。

國粹學報三週年祝辭

戊申孟春。爲國粹學報成立之第四年。同人擬舉行三週年祝典。乃繫之以辭曰。

昔虞卿棄相。窮愁著書。子雲草玄。寂寞自守。不以學術爲適時之具。斯能自成一家言。蓋舍祿言學。其業斯精。以學殉時。於道乃絀。惑者不察。妄援仕學互訓。郇書之粹言。官師聯職。周庭之成法。是則學古爲入官之階梯。變通乃趣時之捷徑。道衰學敝。恆必由之。間嘗盱衡今古。博徵載籍。凡功令所崇。學官所肄。雖成風尚。鮮克昭垂。昔西漢初業。賤視儒生。世承焚經之遺。律設挾書之禁。然詩訓炳於毛公。書編藏於伏勝。隱居求志。經訓乃光。自漢武御宇。董生獻言。罷斥百家。折衷六藝。今文既主學官。博士惟通家法。由是掇彼片詞。競言致用。洪範測災。啓小臣之言事。春秋折獄。詔酷吏以舞文。甚至緯學雜陳。衞言朋起。師語其弟。取青紫必自明經。臣蠱其君。逞車服以矜稽古。而經學遂至此而衰矣。

迨夫典午以還。士崇文藻。莊老告退。山水方滋。然摯虞所編。昭明所錄。藻績雖極。性眞未漓。自世尚詞科。

人嫻小技。壯夫競事雕蟲。舉子空矜走馬。詞涉揄揚。便謂和聲以鳴盛。音流淫靡。猶矜諷諫以主文。雖許身何愚。或比踪於稷契。然立言不朽。實遠遜於班揚。甚至河東獻賦。惟恃吹噓。冀北空羣。不辭薦剡。而文學亦至此而喪矣。

及夫陳穆修圖。周張論學。洛閩為道學之宗。陸王亦間時之傑。立說雖偏於執一。施教乃出於至誠。厥後學尚踐虛。人矜作聖。考亭之書。既著令甲。餘姚之學。徧及齊氓。心傳必溯虞廷。性道惟宗孔氏。斥讀書為玩物。齊主敬於致知。或飾聖言以庇昏。或昌讜論以競名。又或貌飾躬行。中藏譎詭。公孫曲學。胡廣中庸。儒以詩禮發冢。偽德彰聞。士以鄉愿為歸。清流屏跡。而理學亦自此而亡矣。

由是而言。學術甫萌之世。士以勵己為歸。學風丕振之時。說以徇人為美。勵己則甘守湛冥。學祈自得。徇人則中懷躁進。說涉模棱。故思來述往。皆聖賢失志所為。而執古御今。乃策士縱橫之習。若夫誦詩聞政。讀史論兵。以雅頌致昇平。以經術飭吏治。名為用世之良規。實則干時之捷徑。雖僉人所樂道。亦君子所羞稱。試觀周秦諸子。道家獨尚無為。炎漢經生。高密不循師法。然一為九流之冠冕。一為六籍之大師。是則困輪之材。羞合棟梁之用。閎達之彥。恥為媚俗之書。稽之在昔。有不爽者。

今也夏聲湮墮。故訓式微。易雅樂為侏儷。飾奇技以淫巧。自詡識時之傑。瀆陳濟世之謨。由是士苴禮樂。糟粕詩書。說經則羞言服鄭。論文則俯視韓柳。道異莊生。侈談六合。學非鄒衍。競說九州。頹風所被。利祿所趨。舉世率循。莫之或挽。或謂中邦之籍。學與用分。西土之書。學與用合。惟貴實而賤虛。故用夷以變夏。不知羅甸遺文。法郎歌曲。或為絕域之佚言。或為文人之戲筆。猶復欽為絕學。被之序庠。而六書故誼。四始遺音。均為考古所資。轉等弁髦之棄。用學合一。果安在耶。蓋惟今之人。不尚有舊。復介於大國。惟強是從。是以校理舊文。亦必比勘西籍。義與彼合。學雖絀而亦優。道與彼歧。誼雖長而亦短。故理財策進。始崇管子之書。格物說興。乃尚墨家之學。甚至竺乾祕編。恥窮源於身毒。良知俗說。轉問學於扶桑。飾殊途同歸之詞。作弋譽梯榮之助。學術衰替。職此之由。加以吏矜竭澤。民痛屯膏。世崇歆莽之謀。臣獻孔桑之策。既舉世之混濁。復民生之多艱。飢來趨我。低徘北門之章。旅食依人。託命東陵之上。世網既嬰。倡優同蓄。欲泯仰屋之嗟。致輟析疑之義。蓋汲古之念雖殷。而說學之心莫副。人文衰歇。亦其一端。是則由今之道。無變今俗。淺夫舍舊而謀新。學士因貧而輒業。勢必典籍日湮。叢殘莫掇。侈言保學。安可得哉。然而魯冢弦歌。不以干戈而輟。商歌金石。不因環堵而更。值風雨之如晦。與日月兮爭光。凡此孤標。允宜取則。況復式於古訓。尚有典型。即曰法貳後王。詎爲不雅。所冀有志之士。共秉此忱。通塞有時。服習無改。卑之無甚高。詎必侈言經世。確乎不可拔。惟期毋貳爾心。雖晦明艱貞。守雌甘符於老氏。然離世特立。與起不待夫文王。國學不墮。其在斯乎。此則師培區區之志。而欲與諸君交勉者也。故推論其說。以著於篇。

松陵文集序

在昔七子賦詩。不出鄭志。孤臣奏琴。樂操楚風。關東風土之編。兼詳墳籍。會稽鄉邦之對。侈述人文。蓋山川能說。可爲大夫。典型云淪。斯懷耆舊。咸爲思古之幽情。抑亦徵文之嚆矢。況復五湖故澤。三吳遺疆。神禹奠定之區。范蠡艤舟之所。文光射牛斗之墟。冠蓋萃東南之美。文學之隆。自古然矣。惜笠澤遺書。掄獻僅詳於古昔。松陵文錄。纂言偏限於近賢。殘編既汩。墜緒將湮。此陳君去病所由繼潘氏之志。而有文集之輯也。閒嘗受而讀之。知此書之長。其端有三。

夫舉世混濁。清士乃見。山林長往。達人知幾。惟秉性之寡諧。乃知足而不辱。是以西風歸隱。季鷹託興於蒓絲。秋雨索居。魯望寄情於野菊。恥折腰於五斗。乃伺跡於三高。今也俗尚梯雲。士矜挾策。讀其文者。或亦湛然自守。遠追箕潁之踪。獨寐寤歌。弗履終南之徑。是曰勵俗。其善一也。

又若陳善閉邪。昔賢所貴。婞直忘身。人臣所難。惟周公之忠憤。值明社之艱虞。賈誼籌邊。欲繫單于之頸。朱雲折檻。乞斬佞臣之頭。直聲既著於東林。正氣恆昭於南國。今也天方荐瘥。士爭媚俗。讀其文者。庶幾勵慷慨之節。存蹇諤之風。荃蓀芳潔。寫忠愛之纏綿。松柏輪囷。惟後凋之可貴。是曰表義。其善二也。

及夫詩賡蕩板。民痛陸沈。長興集南士之軍。葉氏抗西山之節。或志決身殲。有死無貳。或地偏心遠。與世長辭。桑田既易。難塡滄海之波。魯戈空揮。莫反虞淵之日。惟短簡之長留。幸遺聞之未泯。今也舊國故都。望之暢然。賸水殘山。所思不見。讀其文者。莫不低徊往跡。憑弔前徽。行人抒懷舊之情。壯士抱殘戈之念。是曰表哀。其善三也。

總彼一編。具斯三美。若夫嚴氏工悲。顧生汲古。王楙垂野客之書。莫旦獻輿圖之賦。亦復網羅散失。校理祕文。此則吳中故事。賴以有徵。江左舊聞。於斯可考者矣。

僕少纘先業。卜宅蜀岡。歸擬博觀載籍。尙論旁搜遠紹。萃爲一書。上溯陳徐之著。旁徵曹李之章。用彰淮海之英靈。兼補焦汪之殘帙（吾鄉當嘉道時焦循輯揚州足徵錄汪廷儒輯廣陵思古編今俱存）。今讀此編。益貞素志。因誌數語。以弁簡端。

觀其用事切當，運意淸新，取材博贍，鍊詞精整，雖胎息不遠於古，要能自爲波瀾，傑然爲淸季民初之一大作手。近人錢基博評之曰：「劉師培與章炳麟並以古學名家，而文章不同。章氏澹雅有度而枵於響，師培雄麗可誦而浮於豔。章氏云追魏晉，與王闓運文爲同調，師培步武齊梁，實阮元文言之嗣乳。此其較也。」（現代中國文學史）可謂知言矣。

二、李　詳　詳字審言，江蘇興化人，自幼穎悟絕倫，讀書倍常兒。父增親督教之，攜詣賓客。及長，泛覽羣籍，臯牢百家，於詩最喜唐之杜少陵韓昌黎李義山、宋之王介甫蘇東坡，皆能琅琅成誦。後假館於鹽城許氏，見汲古閣十七史、十三經注疏及蕭氏文選，乃大喜，而於文選尤深嗜焉，日盡十頁，夜則繞案背誦，於時文則不之顧也。年二十，江蘇督學使者黃體芳深賞異之，錄爲附學生員，詳感刻，作思君子賦寄意。旋食餼，屢試皆黜，而文益高。既而旅食四方，侘傺不偶，聞淮揚海道桂林謝公好士，往謁之，留門下爲書記。謝居京師久，於廠肆搜羅故籍，四部略備。詳得縱觀，常云：「僻處海隅，學無師承，至是始識門徑，尤喜四劉之學。」人莫解所謂，蓋指漢書藝文志世說新語文心雕龍史通也，皆有所發明。合肥蒯光典以道員候補南京，陰求文士談諧爲樂，詳以介往見，光典欽其學行，厚禮焉。然光典以名公子宦達，過其門者，皆一時名公貴人，詳衣冠粗樸，揖讓其間，而傖父輩指謫禮數，借爲口實，意怏怏不自得。年四十餘，謁石埭居士楊文會，參究生死，文會精通內典，謂曰：「爾亦頭陀，墮落受苦」。詳聞之悚然。後以江陰繆荃孫之介，入兩江總督端方幕，充江楚編譯官書局幫纂，而實無可纂輯之書，乃領官錢，爲端方治私書，成陶齋藏石記。既又襄助況周頤撰銷夏記，論列書畫，鉤稽考訂，勒爲一百六十餘種，用是精力銷亡，復困讒人，其心境乃益苦。金壇馮煦總纂江蘇通志，引詳爲佐，所上條陳，無不曲納。入民國，膺東南大學講席之聘，教授文選陶詩韓文，學者嚮風，裁成極衆。然以尚氣好攻辯，人畏其口，亦以此累不得志。民國二十年卒，年七十三，著有學製齋集。

審言論詩不主西江，於西江詩派多所掊擊，其言曰：「余學詩五十年，初嗜文選，繼宗杜韓，又復流連義山，而深以宋派傷於徑直，涪翁后山學杜，直可謂之生吞活剝。半山一老學究語，陳簡齋乃涪翁之肖子，誠齋後村，質傖樸野，太無興會，放翁稍有雅人深致。南宋始終，皆西江派所流衍而不能自成一隊。北宋之初，自西崑體後，不失唐人正軌。歐公學韓，冗長馳騁，毫無歸宿。蘇長公出，傷盡，傷巧，傷譬喻太多，傷聰明太露，心知爲一大家，意所重者，不在是也。乃清道咸以降，涪翁派蔓延天下，又以定庵恢奇鬼怪，殽亂聰明子弟，如聚一邱之貉，篝火妄鳴，爲詳爲制，至於亡國，聲音之道，不可不正也。余論詩好從實處入，又喜直起直落，而略致情款，不喜作僞語及仙佛一切雜碎，比於姦聲者。」（拭觚）所論可謂激切。清之中葉，黃山谷詩派特盛，末季又競效龔定庵，此自各有宗盟，非關遞嬗，於西江無尤。至定庵異態奇聲，積久使人厭棄，亦半由效顰不工有以致此。若以恢奇鬼怪目之，甚至比諸篝火狐鳴，漸至亡國，則殊覺太過。

至其論文，則不囿風氣，好稱子部雜家之學，取徑全祖望杭世駿輩，風骨遒勁，卓然有以自立。其答張江裁書云：「走（審言自稱）從甬東全庶常入手，而衍爲杭大宗道古之餘緒，實皆出錢受之、黃梨洲。詞繁義縟，而汰去其排偶及明季八股俗調，考據詞章，又未嘗不寓其內。」江都陳含光嘗論清代駢文，推王湘綺及汪容甫直紹齊梁，爲清代三百年之冠。湘綺高瞻湖外，學者雲輿，握槧小生，多傳法度。至容甫之作，聞風則效，亦自有人，而雅步翺翔，以審言最爲傑出。其論容甫文章，獨詳出處，尤稱確論，如云：

容甫之文，出范蔚宗後漢書，而承祚國志，先於范氏，裴松之注所采諸家，規模如一，觀其約疏爲密，繼以閎麗，文之能事，盡於此矣。容甫窺得此祕，節宣於單複奇偶間，音節遒亮，意味深長，又甚會沈休文任彥升之樹義遣詞，而不敢輕涉鮑明遠江文通之藩籬，此其所以獨高一代而推爲絕學也。（復錢子泉書）

又云：

弟論駢文，以自然爲宗，以單複相間爲體，以貌爲齊梁僞作爲戒，以胡稚威爲不可法，而以孔顨軒不薄初唐，阮儀徵孫淵如簡淡高古爲趨嚮。容甫處小倉氣矜之隆後，又鑒同郡吳園次之流靡，異軍突起，衍爲宗派，惟我能尋得容甫所出之塗而改轍避之，敝集具在，何嘗於容甫集中作賊。（答陳含光書）

審言之言如此，用能尋源溯始，譬曉密微，標散朗之奇，行清空之氣。其於並時文士，以驚才麗藻爲能者，並皆蔑視。尤於桐城文派，闢斥至苛，每言桐城派不喜用事，不喜色澤語，不喜用偶字，而皆犯之。其答王翰棻論文書云：

自方望溪以古文自命，惜抱擁護於後，曾文正又演程魚門言，比於禪林宗派。後生小子，粗有見地，一若文非桐城，即爲畔道，比於漢人，且有甘背師法，以求祿利，於是天下靡然嚮風，相逐於不悅學之一途，而摹其章法起訖，以爲古文在是。滄海橫流，其誰主之，異代必有推原禍始者，某不敢盡言也。

又答陳含光書云：

詳論文章，與世所宗尚者，故爲異趣。自論桐城派一首，著於國粹學報，爲海內仇視久矣。詳所恨者，渠輩概不讀書，專致意於起結伏應，守爲義法，稍溢一分，不啻失父母之歡，犯大不敬。乃獨偃蹇屈强，羞與之伍，但自承爲子部雜家之文，寧失之不檢，而不可不通此指。

其言過於激烈，殆由文派所趨，各張異幟，無足怪也。

審言既酷嗜汪容甫之文，故學製齋集中，頗多繼美之作，傳聲傅色，動合神理，雜之容甫集中，莫能辨正，觀其自序一文，可以知也。

梁劉孝標遭世坎壈。嘗爲自敍。謂比馮敬通。同之者三。異之者四。吾郡汪容甫先生。追擬孝標。其辭尤戚。當時大雅。咸爲嗟閔。余單門後進。羈屑異所。流俗不容。方寸輒亂。鑽仰先達。復有繼作。不敏之誚。無所逃罪。

夫容甫早傾乾蔭。母子相依。賣履爲生。傭書自給。余弱年失怙。資進無階。菽水不供。慈顏嬰戚。此一同也。容甫洪支彫落。宗鮮近親。余家世鼎族。陵夷衰微。蟬嫣孤蒙。不絕如線。此二同也。容甫君火爲祟。絕意仕宦。

余腑病侵尋。流連行藥。負疴積簷。百憂雨集。握髮劇於亂絲。炊炭烈於鍾玉。此三同也。容甫文采豔發。譽冠人倫。日翫班揚。氣劘屈宋。淮南賦其桂叢。河北傳其榴枕。是以書籍願歸。言談爲則。余粗解摛辭。遞相非貳。阮籍呼爲老兵。左思夷於傖父。愛靳吹噓。惡生創痏。此一異也。容甫交遊漸廣。羔雁成羣。扶風甃裾。豫章下榻。定僕射之文。飫君侯之膳。余束縛蹉跎。妄蒙一顧。綢繆嘉會。研覽篇章。恃龍揚蛾。横遭喋害。漳濱淹臥。陽岐連蹇。應生惟燔枯魚。元叔自喻窮鳥。此二異也。容甫博物强識。典校祕書。心貫九流。胸羅四部。余結髮自修。不爲章句。情志相撰。覯多智寡。才劣於仲舒。長遜於伯業。鄭緩輟其呻吟。齊后卑其糟魄。嚴周未聞。論衡罕習。此三異也。容甫晚善治生。不虞縣罄。室有圖史。門接賓客。余傾家濟難。起偃爲人。逐影亨衢。宿逋相躡。祇首陽之將從。鮮優贏之足恃。雖以囊被見嗤。不免甑塵告匱。研桑心計。至無用之。鉅槻兼呈。非所覬幸。此四異也。

嗟夫。容甫比於孝標。已謂不逮。余於容甫。又逾下焉。是知九淵之深。未及劫灰。餐荼之苦。劣於含鴆。久病初起。俯仰無憀。攬筆龍鍾。薄言胸臆。好事君子或其許之。

悲號激楚之音，頗復擬似。他如顧詩箋注序之詞旨深雅，京師坊巷志序之文采煒燁，五君頌之跌宕多姿，哀輪船文之沈鬱頓挫，弔任子田先生之音節悲涼，淞社公祭繆藝風先生文之清峭悽愴，汪容甫先生贊之情深旨雋，蔣母旌閭表石頌之古意盎然，答王益吾先生書之風骨峻嶒，辛卯八月遊焦山記之襟懷高曠，城南舊遊記之情來興往，送經壽庵之天津序之氣象崢嶸，三怪物賦之心裁別出，以至與友人論文諸書札，皆擲地有聲之作也。茲再錄一首，以見其體。

五君頌

酈善長水經注河水篇載漢司馬子長墓。言永嘉四年。漢陽太守殷濟。瞻仰遺文。大其功德。詳竊偉其語。深相欽挹。因求本朝文章。橫厲一世。計有數輩。揆厥功德。恆爲獨絕。遂妄希殷生。著頌申慕。今共覈得五人。曰會稽章學誠。曰涇縣包世臣。曰仁和龔定庵。曰荆溪周濟。曰邵陽魏源。

東南之美。會稽多聞。高眄劇談。上掩子雲。目睽區陬。心醉典墳。砭骨抉髓。搴蕭得薰。合流殊分。瞑目恣手。功成運斤。書規仲瑗。師崇竹君。鄂渚游衍。方志策勛。漢唐二劉（自注云劉勰文心雕龍劉知幾史通君書可與爲敵）。千載同羣。

右章君

安吳英鶩。駿馬盤辟。冢宰致禮。見詫麟角。天葩奇芬。貞柯秀擢。覃精奮藻。泣血證璞。提挈宂士。弘長末學。消搖林丘。談笑方岳。揚蛾復闕。里醜巧詠。鬱爲文棟。遘世屯剝。六合爣朗。邈矣鸑鷟。

右包君

環孕越紐。竺生文雄。鞭捎霆雷。鬼神嘯空。旁薄亡朕。汗漫洪濛。霿陰闔陽。元精貫中。春悽秋穎。霜露所叢。屑墨含鴆。積慝籠東。園令早猝。求彭臣忠。墨如宰如。卿云長虹。欲挦巫咸。招此一龔。

右龔君

觥觥保緒。俠武兼資。膏馥滂葩。驅邁文詞。靈裳緅黻。粲粲陸離。宛轉關生。高謝人爲。薄宦連蹇。述往雩踦。舫喬起病。魚豢坐數（自注云君著有晉略考書以略名始自魚豢）。折節儒術。佐匍旌麾。扶風豪士。方古可追。焉得重起。作今世師。

右周君

尋木起櫱。漏潰螘壞。魏談九州。力逾龍象。輶軒絕代。重譯來享。山傅論兵。世絕心賞。著書自娛。摛文獨往。歸昌奇律。霜皋振響。神劍辟湅。干莫在掌。堂蓑見陵。門倚骯髒。前賢不存。吾將安仰。

右魏君

大抵審言之文，隸事新穎，而少乏韻致，特其書札，詞氣疏宕，而風調清深，丹采旣削，古豔自生，乃正蕭散似魏晉間人也。如皋宗孝忱先生有云：「審言李先生崛起興化，造詣嶄遠，攬轡四方，鉛槧不廢，游屐多暇，殫精著作，桐城宗派之說，隨園才氣之文，皆意所弗屑，而儷體尤卓然自成，雅辭逸韻，上窺左騷，東京南朝，鎔於一冶，海內學人，識與不識，讀其文莫不悅服，以爲今之容甫先生也。先生鑽仰先哲，所爲自序，亦以容甫先生自況，高文典册，輝映人寰，洵足爲蜀岡邗水增重已。」（興化李審言先生七十壽序）又云：「李先生駢體，容甫而後，一人而已。」（李審言先生誄辭）馮煦亦云：「並世作者，可得而言，夔生鷹揚於嶺表，芸子猿吟於蜀都，靜山鴻冥於毘陵，審言鶴峙於淮左，並抽祕騁妍，標新領異。」（六朝麗辭序）其爲並世名彥推重如此。而冒廣生更爲之傾倒曰：「方今駢文，北王南李。」王謂汾陽王式通也。

三、樊增祥　增祥字嘉父，號雲門，別號樊山，湖北恩施人。父燮，爲湖南永州鎭總兵，酣飲不事事，又與左宗棠相惡，遂以剝餉乘轎被劾，罷官歸，謂增祥曰：「一舉人如此，武官尚可爲哉，若不得科第，非吾子也。」增祥禀性聰穎，美姿容，工爲文章，時張之洞督鄂學，拔入經心書院，已而舉於鄉。嘗納贄會稽李慈銘，習辭章之學，落筆清麗，慈銘極推重之。光緒三年舉進士，遷庶吉士，旋選陝西宜川縣知縣，歷移咸寧富平長安渭南四縣，爲政尚嚴，而宅心平恕，以是虓虎改行，風俗清美，他州之民，稱爲仙界。及榮祿竊柄，夙器增祥才，乃引爲幕僚。二十六年拳匪亂作，隨鑾奔西安，掌詔勅，罪己變法諸詔，皆出其手。累擢陝西督糧道，布政使，移江寧布政使，所至有聲。鼎革後，黎元洪薦爲湖北省民政廳長，堅不赴，既而充袁政府參政院參政，袁氏旣敗，乃息影舊都，爲退官詩人，與周樹模左紹佐號楚中三老。民國二十年病卒，年八十六，著有樊山全集傳於世。

樊山自弱歲秉奇慧，掇巍科，臺省耆舊，固以交譽互薦，一爲國子司業，京輦仰爲宗匠。著作甚富，作詩達三萬餘首，構思迅捷，歡娛能工，雖感深蒼涼，而辭歸綺麗，豔體之作，自謂可方駕冬郎，疑雨集不足道也。嘗賦前後彩雲曲，詠賽金花之生平事蹟，一時騰宣衆口，聲名籍甚，至以比清初吳偉業之圓圓曲云。嘉興沈曾植讀之，以爲的是香山，不祇梅村也。論詩以清新博麗爲主，工於隸事，巧於裁對，見人用眼前習見故實，輒曰：「此乳臭小兒耳。」而作詩則主才學識三者兼到，尤不拘拘宗派，每語於人曰：

向來詩家率墨守一先生之集，其他皆束閣不觀，如學韓杜者必輕長慶，學黃陳者卽屏西崑，講性靈者，則明以前之事不知，尊選體者，則唐以後之書不讀。不知詩至能傳，無論何家，必皆有獨到之處，少陵所謂「轉益多師是我師」也。人所處之境，有臺閣，有山林，有愉樂，有幽憤。古人千百家之作，濃淡平奇，洪纖華樸，莊諧歛肆，夷險巧拙，一一兼收並蓄，以待天地人物形形色色之相需相感，吾卽因以付之，此卽所謂八面受敵，人不足而我有餘也，所蓄旣富，加以虛衷求益，句鍛季鍊，而又行路多，更事多，見名人長德多，經歷世變多，合千百古人之詩以成吾一家之詩。此則樊山詩法也。

初取徑於袁枚趙翼，後涉獵溫庭筠李商隱以溯劉禹錫白居易，晚年亦間爲宋詩，與同光體異轍爭趨，獨於中晚唐別開面目，非隨園甌北所能限也。

樊山旣以詩名一代，駢儷之文，亦震鑠當年，作品與詩同蹊，皆安雅沖粹，無鉤章棘句之形，而情味婉篤，事理曲暢，短書小記，尤見生峭。蓋自少至老，口誦之書，數逾萬卷，手抄之牘，不啻百本，腹笥充積，俯拾卽是，故能臻此絕詣也。茲遴載一二，俾知其几。

西溪泛舟記

十月既望。樊子與客自廣雅書院歸，徑采虹橋。循溪而南。適有小航，帆楫新淨。角巾共載。柔櫓乍鳴。於時林日已歛。晚潮方至。溯流東去。遲重若牛。顧以徐行。益愜幽賞。是溪也。近帶西村。遠襟南岸。水皆縹碧。滑若琉璃。卽古所稱荔支灣也。背山臨流。時有聚落。環植美木。多生香草。榕楠接葉。蕉荔成陰。風起長寒。日中猶暝。幽溪蓄翠。深逾百重之雲。片葉深紅。靚於十五之女。蕭閒看竹。宛轉逢鷗。嘉客與偕。清淡逾肆。秋鱸不膾。自成笠澤之遊。林鳥忽驚。有甚虎溪之笑。入廡源之三谷。過南園之五橋。藥草交乎蓬窗。垂楊拂其帆席。爰自虹橋。達於珠江。美蔭清流。可五六里。竹籬映水。寒菜平畦。珠兒總角。已習畫船。越女門楣。每臨煙浦。蓋隱秀之致深。而車騎之塵遠矣。方舟入江。風帆轉健。綺羅烟水。遠帶輕霞。金碧樓臺。俯臨明鏡。棲鴉點點。柳翠深黃。官馬蕭齋。沙堤雪淨。連檣若篠。比屋成鄰。層城樓櫓。若龍蜃之噓雲。遠浦琛航。雜蠻獠而互市。言經沙面。遂薄海珠。故將祠新。古臺磚圮。仙雲四合。起瑤島於中間。璧月雙輝。與金波爲上下。瞻言花嶼。何異蓬山。廣州士庶豐昌。物華蒨麗。珠簾齊下。但聞琵琶之聲。絳河一曲。悉是臙脂之水。魷窗櫛比。畫舫連環。月膓横穿。風心㢘蕩。百縑以外。始買春宵。十里之間。惟聞芳麝。曉鐘欹枕。未是遲眠。斜日梳鬟。猶爲早起。氍毹貼地。翡翠爲屏。茶隖香雲。酒槽春雨。畫橈金檝。落別浦之驚鴻。紅袖雕欄。盼過樓之秋雁。亦足極選佛之娛。續游仙之夢焉。花市已遙。蘭舟遂艤。香臬路暗。水閣燈明。回睇江天。但餘烟霧。良游無述。俊賞將渝。眷此江山。寫以金粉。

三月三日樊園修禊序

旅滬之第三年。歲在癸丑三月三日。超然吟社諸公。仿蘭亭修禊故事。集於樊園。自永和九年至今。歷二十七癸丑矣。止庵相公。夙戒庖廚。命嘯儔侶。芳晨既屆。嘉賓徐來。相公分題試客。卽事成章。繼軌曲江之游。式遵麗人之韻。乙庵則謂事同王謝。故當詩仿蘭亭。爰約同人各賦五七言古詩二首。一人兩詩。亦蘭亭例也。臨河之敍。以屬不才。竊謂今日之會。與蘭亭同之者三。異之者四。勝之者一。

東晉人物。標映江左。裙幅白練。動墨成花。麈柄玉光。與手同素。今也衣皆鶴氅。帽盡高簷。致兼風雅。堪入龍眠之圖。地遠塵囂。有似烏衣之巷。而況風流宰相。方駕東山。提學父子。追蹤羲獻。此一同也。蘭亭圖中。殊形異態。隔竹而安筆硯。據茵而整衣冠。俯翫游鵝。仰承墮鵲。臨流捲畫。掃石題詩。執筆欲下。華茂袒衣。流杯既盈。后綿酩酊。今也綫裝在手。錦韠隨力。寫經則道德五千。小說亦虞初九百。開簾放燕。臨水觀魚。高齋擊鉢。則墨灑羅箋。小徑穿花。則粉沾巾幘。斯文雅近南朝。此酒何殊曲水。此二同也。逸少敍曰。天朗氣清。惠風和暢。雖復秋景入春。見遺於蕭選。而時晴爲快。最宜於褉游。今也宿雨新霽。春陰甚薄。松露滴衣而微潤。柳風吹面而不寒。西亭舉酒。非典午之夕陽。東墅圍棋。得謝家之風氣。而況榦枝迭嬗。先後同符。既文章氣誼之相孚。更年月日時之無異。此三同也。

夫以韶華百五。天下所同。岩壑萬千。山陰所獨。蘭亭登高望遠。全收禹穴之山川。俯唱遙吟。盡有鑑湖之風月。樊園千弓拓地。萬木成林。樫柏新淨而有餘。澗壑蒼深則不足。吳淞之江一半。有水而無山。碧桃之壽三千。多花而少竹。右軍不如我在金粉之樓臺。我不如右軍在青綠之山水。此一異也。蘭亭之會四十二人。超社聯吟。纔得十二。而伯嚴在南。濤園在北。今日之集。近比西泠之才子。遠同北郭之詩人。著十芹之論。寫繭紙而難盈。題十竹之齋。望茂林而興嘆。以言乎結納。何今嚴而昔寬。以言乎性情。似彼通而我介。此二異也。永和癸丑。年號昭然。首題第九之春。式著紀元之義。今也伊耆揖讓。周召共和。義熙甲子。紀年僅出私家。德祐詩歌。撰集祗憑遺老。湔祓銀河之水。天下何年。采蘭楚澤之濱。人間幾世。意者斷自前朝宣統之初。不落炎漢文景以後乎。此三異也。往者王謝之游。屬當平世。雖復五胡雲擾。寧妨二老風流。其時王敦蘇峻。世難已夷。鏡水稽山。春光可戀。故安石非甚矯情。羲之卒當樂死。今者九夷卜宅。三島結鄰。雖鼓吹之音。無憾於藍田。而聲唳之驚。有甚於淝水。安上門外。尚挂流民之圖。太史書中。將添刺客之傳。是何景象。聊此祓除。此四異也。夫王謝尙矣。輿公次之。自餘諸子。大半無聞。曳白一十六人。殺青三十七首。四言同於芣苡。五字異於河梁。扣木得音。嚼蠟寡味。超社同人。最多尊宿。相國英絕領袖。爲今晉公。乙庵體包漢唐。義兼經子。藝風抗聲於白傅。散原振采於西江。琅琊弟兄。憖遺一個。延陵父子。奕葉重光。京兆翰林。標八閩之雋。中丞給諫。翹三楚之英。僕雖無似。而豎義常豐。述情必顯。竊附諸公之末。微有一日之長。以今方昔。自謂過之。此一勝也。昔人以蘭亭序方金谷。右軍大喜過望。今之所作。戰詩必勝山陰。製序必輸逸少。蓋愛好貪多。去古益遠。謹列敍時人。錄其所述。具如蘭亭之例。嗟乎。不自菲薄。期無愧於古人。有感斯文。是所望於來者。

自餘佳篇，若訪采石磯太白樓賦、祝榮祿五十晉九生日並送還朝祝嘏敍、張香濤七十壽序、蚌湖探梅記、荆州城西曉行詩序、秋江菱榜晚霞圖敍、倪公子所藏山水畫記、蘿溪老屋圖記、花菌庵記、秋鐙課詩圖記等，皆隸事穩稱，風華掩映，圓若流珠，熟於美醞。尤以樊山公牘、樊山批判時文二編，最爲膾炙人口，文墨吏至今猶奉爲圭臬。

大抵樊山之作，才力富，書卷多，縱筆所之，極意馳騁，頗能擺脫恆蹊，而卓然自成一家之言。然以落筆迅疾，不假錘鍊，而少精思獨運之功，又過矜才調，自詡八面受敵，有時或至流爲率易，意境欠深，媚而不遒，是不必爲賢者諱也。

四、易順鼎　順鼎字仲碩，一字實甫，號哭庵，湖南龍陽人。父佩紳，累官江蘇布政使。順鼎生而奇慧，有神童之目，自謂張夢晉後身，又謂張船山張春水後身。年十五補諸生，作詩詞各一卷，刻之，曰眉心室悔存稿，一時傳誦，人稱才子。光緒三年中式舉人，嘗問業於湘中大儒王闓運，與湘鄉曾廣鈞並稱。會中日戰起，我軍敗績，順鼎慷慨上書論事，又間關航海，走臺灣，欲贊劉永福軍，爲海外扶餘，旣至，見事已不可爲，乃脫身歸國。年三十，以同知候補河南，終不得志意，旋入廬山，築琴志樓於三峽澗上，若將終身焉，而幽憂侘傺，中喪其母，乃作哭庵傳以見意曰：

哭庵者，不知何許人也，其家世姓名，人人知之，故不述。哭庵幼奇惠，五歲陷賊中，賊自陝蜀趨鄖襄，以黃衣繡葆縛之馬背，馳數千里，遇蒙古蕃王大軍，爲騎將所獲，獻俘於王。哭庵操南音，王不能辨，乃自以右手第二指濡口沫，書王掌，王大喜曰，奇兒也。抱之坐膝上，趣召某縣令，使送歸。十五歲，爲諸生，有名。十七歲舉於鄉，所爲詩歌文詞，天下見之，偁曰才子。已而治經，爲訓詁考據家言。治史，爲文獻掌故家言。窮而思反於身心，又爲理學語錄家言。然性好聲色，不得所欲，則移其好於山水方外，所治皆不能竟其業。年未三十而仕，官不卑，不二年棄去，築室萬山中，居之，又棄去。綜其生平二十餘年內，初爲神童，爲才子，繼爲酒人，爲游俠少年，爲名士，爲經生，爲學人，爲貴官，爲隱士，忽東忽西，忽出忽處，其師與友謔之，稱爲神龍。其操行亡定，若儒若墨，若夷若惠，莫能以一節稱之。爲文章亦然，或古或今，或朴或華，莫能以一詣繩之。要其輕天下，齊萬物，非堯舜薄湯武之心，則未嘗一日易也。哭庵平時謂天下無不可哭，然未嘗哭，雖其妻與子死不哭，及母沒而父在，不得渠殉，則以爲天下皆無可哭，而獨不見其母爲可哭，於是無一日不哭，誓以哭終其身，死而後已，自號曰哭庵。

時張之洞總督兩湖，愛其才，招入幕，又畀以兩湖書院分教，亦不自得。後出爲廣西右江道，但卒無所展布，爲兩廣總督岑春萱劾罷，由是益肆力於詩，日以詩寫其牢騷。民國更元，歲逢癸丑，新會梁啓超邀都人士於三月三日，仿蘭亭故事，修禊北平之萬生園，諸名士會而賦詩，順鼎長歌當哭，極詭譎之致，讀之者莫不奇其才而哀其遇。袁世凱僭帝，擢爲印鑄局局長，及袁氏敗，遂侘傺失志，浮泊京師，民國九年卒於北平，年五十九。

實甫詩學造詣湛深，生平所作，幾近萬首，與樊增祥稱兩雄，惟增祥不喜用眼前習見故實，而實甫則必用人人所知者。增祥詩境，到老不變，而實甫則變動不居。學大小謝，學杜，學元白，學皮陸，學李賀盧仝，無所不學，無所不似，以學晚唐溫李者爲最佳。眉心室悔存稿以後，有丁戊行卷摩圍閣詩及出都吳蓬巴山廬山嶺南諸詩錄之刻。蓋足迹所至，十數行省，每行省爲一集，以四魂集最所自憙，號於人曰：「余所刻四魂集，譽之者滿天下，毀之者亦滿天下，湘綺樊山皆極口毀之者也。然文章千古事，得失寸心知，余自信此集爲空前絕後少二寡雙之作，蓋毀余者皆以好用巧對爲病，卽張文襄亦屢言。不知以對屬爲工，乃詩之正宗，凡開國盛時之詩，無不講對屬者，如唐之初盛，宋之西崑，明之高劉皆然。自作詩者不講對屬而詩衰，詩衰而其世亦衰矣。況余詩對仗皆用成語，且不憙用僻典，而所用皆人人所知之典，又皆寓慷慨悲歌嬉笑怒罵於工巧渾成之中，自有詩家以來，要自余始獨開此派矣。」其自負可知。湘潭李漁叔先生云：「龍陽易哭庵盛負詩才，藻思綺合，與恩施樊樊山並時飛動詞場，海內詩流，言才捷者，必推樊易。其於一篇之作，極盡調聲選色之能。或遇題旨幽微，陳思險塞，他人所爲，攢眉蹙額，望塵辟易者，而二人輒復雍容染翰，提控自如，動疑宿構。」（風簾客話）非虛譽也。

實甫既好爲綺語，形諸歌詠，而文章風格，頗亦類是。蓋其自少學文，卽期以不朽，沈浸於六朝三唐者至深，非清辭麗句不復輕置念慮於其間，含積既久，爗然以文名海內。其色澤鮮妍，裁對精工者，則有湘絃詞自序。詞韻清蔚，麗藻彬彬者，則有與裴樾岑年伯書。骨氣端翔，音情頓挫者，則有寒雲茗話圖記。瓌辭雄響，吐欻生風者，則有與劉松生將軍書。凡此皆嘔心瀝血，鏤肝鉥腎之作，其爲藝苑之鴻寶，騈林之瓊枝，固無間言。自餘佳構，亦復琳瑯滿目，美不勝收，或綺情麗緒，紛蕤相引，或意致灑落，詞旨秀發，或生香活色，旖旎風流，或幽峭玲瓏，鮮華朗映。雖體貌不同，敍情各別，其爲儷花鬪葉，取青配白之作，則無疑焉。此等作品，衡以韓柳眼光，律以時代精神，或不免失之輕豔，若站在文學之藝術美的立場觀之，則亦有足多者。今錄其最有名之一篇如左：

湘絃詞自序

碧湘九曲。空靈之境也。朱絃三歎。疏越之音也。帝子欲降。微聞落葉。靈均不來。誰拾芳草。然而芙蓉水仙之廟。雨唱猶留。薜荔山鬼之祠。煙謳靡歇。嘗擊汰江介。搴華木末。寺樓坐久。湖天碧藍。巖樹斷處。神鐙青綠。白蘋花老。鯉魚拜風。黃陵人去。鷓鴣啼月。孤篷寂寞。聽風聽水之思。九歌縹緲。迎神送神之曲。又或三閭秋士。遠遊製冠。九疑雲君。相思命駕。女嬃意苦。誰家擣砧。洞庭天遠。昔年張樂。雲夢八九。攬之於空闊。煙驂廿五。繹之於杳冥。空青搖愁。冷翠戛響。飄飄乎遺世而獨立。泠泠然山高而水深。能移我情。其在是已。僕以恨人。生茲福地。臣里東家。宋玉之所居處。君山北渚。湘靈之所往來。漁臥秦桃。樵炊楚竹。蓋將於是鄉終老焉。雖其閒桂隱不常。萍跡罕定。牂江留滯。雄溪羈旅。烏篷細雨。何處歸舟。紅葉小橋。有人吹笛。江楓之戾。每漬乎青衫。山木之謠。難忘乎翠被。既乃駕飛龍兮北征。歌闌龕而西適。黃河遠上。津吏敲鼓。紫臺徑去。蕃兒鳴角。而故鄉煙水之氣。入人最深。兒時釣遊之地。探懷宛在。三十六灣。二十五絃。未嘗一日離諸襟袍也。因錄三四年間倚聲六十餘首。都爲一卷。題以湘絃。昔人謂柳耆卿曉風殘月。宜授譜於紅牙。蘇長公大江東去。宜傳聲於鐵綽。若僕今日者。短亭箏篷。空灘僕被。素屏六曲。烏啼江館之霜。冷雁一繩。人臥柁樓之雨。吳根越角。逋蕩生涯。東舫西船。迷離水調。重以一絃一柱。虛度華年。某水某山。獨尋隊夢。美人落月。騎青鳳而已遙。故交散雪。盟白鷗而將冷。沙明水碧。抱瑟獨彈。曲終人杳。刺船竟去。撫斯卷也。其亦有青峯江上之思乎。

五、饒漢祥　漢祥字宓僧，湖北廣濟人，少而神明警慧，博覽多通，及長，苦心硯席，尤長於駢體，士流翕然推重。民國元年，黎元洪當選爲副總統，並兼湖北都督，辟漢祥爲書記，專主文翰，所有通電文告，多出其手。五年，黎氏繼任大總統，擢爲總統府祕書長。其後應郭松齡之聘，任東北國民軍總司令部祕書長，十六年卒，其文章散見於黎副總統政書中。

宓僧學識宏博，情藻豐贍，其文上追陸贄，近挹宋賢，所撰通電文告，率用駢句，然眞意篤摯，反覆曲暢，情致纏綿，搖曳生姿，不復見排偶之迹。試舉二篇，以著其概。

致全國父老書 辛亥八月十四日

粵惟我祖軒轅。肇開疆土。奄有中夏。經歷代聖哲賢豪之締造。成茲文明古國。凡吾族今日所依止之河山。所被服之禮敎。所享受之文物。何一非我大漢先人之遺留哉。故覩城邑宮室。則思古人開土殖民之惠。覩干戈戎馬。則思古人保種敵愾之勤。覩典章法制。則思古人貽謀敎誡之殷。駿譽華聲。世世相承。如一家然。父傳之子。祖衍之孫。寧容他族。實偪處此。何物雜種。敢亂天紀。挽弓介馬。竟履神皋。入關之初。淫威大肆。我神明胄裔。父老兄弟。遭逢慘戮。靡有孑遺。若揚州。若江陰。若嘉定。屠戮之慘。紀載可稽。又復變法易服。瀆亂冠裳。而歷代相傳之文敎禮俗。掃地盡矣。嗚乎。我四萬萬同胞。誰無心肝。父老遺聞。卽不記憶。且請覩各駐防之誰屬。各重要職權之誰掌。其用意可揣而知矣。凡二百六十年淫苛之術。言不勝言。至今日則發之愈遲。而出之愈刻。乃者。海陸交通。外侮日急。我有家室。無不圖存。彼以利害相反。不惜倒行逆施。放開知識則爲破其法律。尚術技則謂擾其治安。百術欺愚。一意壓制。假預備立憲之美名。以行中央集權之勢。借舉行新政之虛說。以爲搜刮聚斂之端。而乃修園陵。治宮寢。賚嬖佞。賞民賊。吾民膏血。朘削殆盡。哀鴻徧野。呼籲不靈。是誰奪其生產。而置之死地乎。且矜其寧送友邦。弗與華族之謬見。今日獻一地。明日割一城。今日賣礦。明日賣路。吾民或爭持。則曰干預政權。曰格殺勿論。甚且舉吾民自辦之路。自集之款。一網而歸之官。嗚乎。誰無生命。誰無財產。而日託諸危疑之地。其誰堪之。夫政府本以保民。而反得其害。則奚用此政府爲。本政府用是首舉義旗。萬衆一心。天人同憤。白麾所指。瓦解山頹。故一二日間。湘鄂贛粵。同時並舉。皖寧豫陝。亦一律響應。而西則巴蜀。已先克復。東南半壁。指顧告成。是所深望於十八行省父老兄弟戮力共進。相與同仇。還我邦基。雪我國恥。永久建共和政體。與世界列強並峙太平洋之上。而共享萬國和平之福。又非但宏我漢京而已。將推此赤心。振扶同病。凡文明之族。降在水火。皆爲我同胞之所必憐而救之者。嗚乎。機不可失。時不再來。想我神明貴族。不乏英傑挺生之士。曷勿執干起義。共建宏圖。直抵黃龍。敍勛痛飲。則我漢族同胞萬世之光榮矣。我十八行省父老兄弟其共勉之。除布告外。特達。

請張作霖下野電

張上將軍鈞鑒：松齡渥承殊遇。擢長兼師。職在服從。義難報稱。虎頭食肉。萬里不辭。馬革裹屍。死而無悔。何敢苟安求免。不恤孤恩。顧仰體鈞座偃武之衷。俯察遼民被兵之禍。治亂決無二命。仁勇不可兼全。畏罪不言。負心更甚。竊爲鈞座披瀝陳之。

連歲興戎。現金告匱。錢鈔亂發。價額日虧。外幣潛乘。實省殆徧。倚其調劑。轉予維持。刮我金錢。易人廢紙。血枯見骨。身沒及顱。運不靈轉。彌縫呈困。推衍所極。必至無財。士兵苦戰。將卒專折。至於一卒。纔折二緡。名爲增餉。實同罰俸。年豐毋飫。歲暖兒寒。戰骨已枯。卹金倘格。膺宗殄絕。嫠婦流離。鬻鐘舍牛。藏蓋埋犬。此猶不告。抑復何辜。死無義名。生有顯戮。推衍所極。必至無兵。軍事迭興。賦斂日重。邑無倉廩。家無蓋藏。強募人夫。兼刮驢馬。僵尸盈道。槁草載途。桀以逋逃，騷擾剽掠。宵憂盜難。晝懼官刑。哀我窮閭。

寧有噍類。推衍所極。必至無民。藐茲三省。介處二邦。寶鑛氈廬。森林卉服。僑民滿路。牧馬成屯。軌陸分張。海航密接。朝發平壤。夕薄遼城。交通不周。責言猝至。入關競逐。敝墓必愒。盜黨生中。敵兵勵北。彼若自衛。寧復我疆。推衍所極。必至無省。東省果失。北京必危。列强交爭。共管立定。禹甸腥臊。堯封塗炭。誰爲禍始。馴至國亡。

去歲曹氏攘國。浙省搆兵。足涷傷心。脣亡迫齒。鈞座痛正氣之不申。懼邊人之將盡。旌旗所蒞。藥豆咸趨。假使振旅出關。安民保境。陽樊不取。有衞無侵。豈不渣滓七雄。躍兵江浦。比閭望燧而憂。劉鎭聞風而警。將欲憑陵勁旅。混一寰區耶。

建國以來。雄才何限。一敗不振。屢試皆然。或乃託命善神。自娛暮晚。或乃託身聯省。暫避危機。人方改絃。我猶蹈轍。微論人才既寡。地勢復偏。强控長鞭。終成末弩。且天方厭禍。民久苦兵。上者固冋百姓之與能。下者亦冀六王之均勢。必欲鯨吞西北。蠶食東南。方詛呪之不勝。豈謳歌之可望。試問遼陽鶴返。慨寄何如。魯國鷸來。銜哀奚若。欲致平成。寧非夢囈。將欲多據疆圻。取償軍費耶。

異族相爭。何事不忍。然日俄之講。犒幣未聞。德法之盟。載書終改。况此孑遺。孰非胞與。謂取之於鄰省。則赤地久荒。謂取之於京師。則白藏早竭。甚或藉爲口實。虋我宗邦。所沾不過玉壆之餘。所累已勝銅山之重。狐緣虎視。黿代豬亡。人盜其資。我負其咎。此其失計。豈待申言。

渥衅肯開。蘇師先潰。皖繼風靡。魯復土崩。伏機發於羣方。防線延於數省。夫大蛇蜿於修路。則首尾難援。巨象蹩於狹途。則腹背皆困。政府未令討伐。反唱調和。既屬無名之師。復居難勝之數。鈞座深慮顚危。力持鎭定。不謂曳兵之將。猶懷捲土之心。必欲驅市從戎。傾巢赴敵。夷田廬於榛藪。殱隊伍於沙場。松齡銅劍常鳴。鐵衣未解。萬里之鶴。猶蘊雄心。八尺之龍。久殷汗血。方重圍之無懼。欲一勝以何難。第是孤軍捲甲。長路饋糧。民有譌言。士無鬥志。設使前逢堅壁。後遇奇兵。流馬難輸。懸車莫度。韓信之頭。方傳趙帳。伍員之肉。

豈慰楚軍。鈞座揚縣蔡之餘威。立沼吳之偉績。十軍錯節。証利器之易成。三載臥薪。猶痛心之未定。萬一項王歌帳。李主愁臺。破竹之勢忽成。絕株之憂將見。興言及此。爲憤何窮。松齡親當戎路。熟察敵情。鈞座委以節旄。鄉人託以子弟。收骨之悲。生何以對蹇叔。納背之慘。死何以對懿公。蓋自受命以來。無日不迴腸欲絕也。昔者祁奚諸老。內不避親。曹瑋代與。下皆效命。傳之青史。播爲美談。漢卿軍長。英年踔厲。識量宏深。國倚金湯。家珍玉樹。干風雲而直上。歷雷雨而弗迷。松齡夙同袍澤。久炙光儀。竊願遵命勗勤。竭誠匡佐。更張省政。總制遼疆。收毀濫鈔。蠲除苛稅。嚴刃以除盜賊。厚廩以養士兵。實行文治。以息強藩。優遇勞工。以消激黨。饗舍矢於普及。寶藏期以盡宣。三省富強。四鄰和睦。

鈞座婆娑歲月。賞玩煙霞。全主父之令名。享令公之樂事。果箕裘而盡善。曾躧脫以何妨。夫市朝不改。則農夫無輟米之憂。堂構相承。則部屬無倒戈之罪。塗膏之士。蹈白刃而復蘇。槁項之民。臨黃泉而更甦。松齡上酬推解。下拯瘡痍。博采羣言。更無餘策。謹當負荆東返。席稾上言。非得頷頤。寧甘碎骨。先軫直言。早抱歸元之志。鬻拳强諫。詎辭刖足之刑。鈞座幸勿輕信讒言。重誣義士也。等語。合行奉聞。伏希指示。郭松齡叩。

駢文至陸宣公，可謂極變化之能事，前乎此者，多吟詠哀思，搖蕩性靈之作，自宣公移以入奏議詔書以後，駢文應用之範圍，隨之擴大，不但可以抒情，可以敍事，亦且可以議論。故駢文之形式雖未嘗變，而駢文之性質與內容均已改觀，故選學家均以別裁文學目之也。宓僧之文，固是規撫宣公，而堂廡益大，所作皆明白曉暢，切於實用，指事如口講手畫，說理則縷析條分，旁延景物，則興會飛騫，遠計邊瑣，則武庫森列，一掃浮靡夸大之習，其氣勢之盛，與散文相埒，駢文之美，至此表現無遺，上舉二篇，乃絕佳之左驗矣。宜當日通電一經報章刊載，立卽騰播衆口，奔走相告，在宣傳上收到極大之效果，至今猶傳爲美談。昔柳屯田之妙典，處處能歌，陸務觀之清標，家家入畫，持方今日，異代同功，宓僧亦人傑矣哉。

六、孫德謙　德謙字受之，號益庵，晚號隘堪居士，江蘇元和人。歷任交通大學東吳大學大夏大學中國文學系教授，民國二十四年卒，年六十七。著有太史公書義法、劉向校讎學纂微、漢書藝文志舉例、諸子通考、文選學通誼、六朝麗指等書。

益庵少從事高郵王氏之學，治聲韻訓詁，久之，病其破碎，遂改習會稽章氏之學，頗能得其奧窔，李詳嘗謂之曰：「會稽之學，君與錢塘張爾田孟劬，海內稱爲兩雄，有益一人而不得者。」弱冠之歲，友人程遐師見其治經頗專，語之曰：「君子之學，所貴文質相宣，學貫天人，尤必潤以文章。」意有感發，遂取駢散二家讀之，覺韓柳文雖佳，而說理未見長，且非性之所近，乃專致功於駢體，日取李兆洛駢體文鈔誦讀，苦不得其蘊祕，第領其音節氣息而已。後得朱一新無邪堂答問，有一則論六朝文云：「上抗下墜，潛氣內轉。」大悟，因創血脈之說，以爲全篇血脈轉折，不外潛氣內轉也。論文而論脈，蓋自益庵始。自是爲文不尚塗澤，惟務氣韻天成。尤喜讀范蔚宗後漢書敍論，愛其遒逸，而濟之以江文通，欲更加研鍊。一時論儷體者，以李詳爲第一，益庵次之，而海寧王靜安則語之曰：「審言過於雕藻，知有句法而不知有章法，君得疏宕之氣，我謂審言定不如君。」益庵每引自重，並主張學駢文須從六朝入手，以植其基，因撰六朝麗指而敍其端曰：

> 麗辭之興，六朝稱極盛焉。夫沿波者討源，理枝者循幹。作爲斯體，不知上規六朝，非其至焉者矣。唐宋以來，各擅其勝，爰迨近彥，頗亦爲工，然北江傑才，別成其派衍，南城輯略，羣奉爲正宗。六朝之氣韻幽閒，風神散蕩，飈流所始，眞賞殆希。亦由任陸楷模，得世纘而顯，魏邢優劣，唯孝徵則知。未有下帷鑽堅，升堂覩奧，霑逮來哲，譬曉密微故也。夫論文之製，託始子桓，厥後宏範謂之翰林，仲治條其流別，士衡詮賦，曲盡於能言，

公曾撮體，雜撰乎集敍。自是孳多於世矣。其在六朝，往往間出，彥升緣起，乃原六徑，休炳一編，備稽江左。若夫隱侯述志，水德博徵，仲偉周游，風謠自局。其古今隱括，體用圓該，東莞雕龍，可云殆庶。然宋齊而下，不復詳言，則以世近易明，無勞甄敍，六朝盛藻，嗣響尟聞。將師曠知音，且期異代，惠施妙處，未獲傳人，意者豈其然乎。加以昌黎崛起，古文代雄，後來辭人，遞相師祖，震起衰之說，近蔽眉山，矜載道之華，遠承泗水。語乎六朝富豔，方且俳優黜之。夫迭相奇偶，前良所崇，雖簡文嗤其儒鈍，士恢訾其華僞，爾時氣格，或不免文勝之歎。然其縟旨星稠，逸情雲上，綴字通蒼雅之學，馭篇運騷賦之長，駢儷之文，此焉歸趣。又況王筠妍鍊，獨步名家，仲寶典裁，騰芬當世者焉。

余少好斯文，迄茲靡倦，握睇縮諷，垂三十年，見其氣轉於潛，骨植於秀，振采則淸綺，淩節則紆徐，緝類新奇，會比興之義，窮形抒寫，極絢染之能。至於異地雋才，剛柔昭其性，並時齊譽，希歔覯其徵，凡皆成誦在心，借書於手，符羊子百章之數，準馬談六家之論，亦已著之篇中，茲蓋試言其略也。評非月旦，敢覬乎高名，禮毋雷同，豈資於勦說。固知言不盡意，恆患攸存，庶六朝之閎規密裁，於是焉在。若乃鏡鑒源流，銓綜利病，善文之士，類能道之，斯則非所急矣。

籀其歸趣，大指主氣韻，勿尚才氣，崇散朗，勿矜藻采。六朝麗指云：「長沙王益吾選駢文類纂若干卷，其持論大旨，則在不分駢散，而以才氣為歸。夫駢文而歸重才氣，此固可使古文家不復輕鄙，無所藉口矣。惟既言駢文，則當上規六朝，而六朝文之可貴，蓋以氣韻勝，不必主才氣立說也。齊書文學傳論曰：放言落紙，氣韻天成。若取才氣橫溢，則非六朝眞訣也。昌黎謂：惟其氣盛，故言之高下皆宜。斯古文家應爾，駢文則不如此也。六朝文中，往往氣極遒練，欲言不言，而其意則若即若離，上抗下墜，潛氣內轉，故駢文蹊徑與散文之氣盛言宜，所異在此。」此主氣韻，勿尚才氣之說也。又云：「駢文之有任沈，猶詩家之有李杜，彥升用筆，稍有質重處，不若休文之秀潤，時有逸氣，爲可貴也。詩品云：昉既博物，動輒用事，所以詩不得奇。然則彥升之詩，失在貪用事，故不能有奇致，吾謂其文亦然，皆由於隸事太多耳。語曰：文翻空而易奇。以此言之，文章之妙，不在事事徵實，若事事徵實，易傷板滯，後之爲駢文者，每喜使事，而不能行淸空之氣，非善法六朝者也。六朝之文，無不用頓宕之筆，後人但賞其藻采，而於氣體散朗，則不復知之。故即論駢文能入六朝之室者，殆無多矣。」此崇散朗，勿矜藻采之說也。主氣韻，勿尚才氣，則安雅而不流於馳騁，與散行殊科。崇散朗，勿矜藻采，則疏逸而無傷於板滯，與四六分疆。

民國八年以後，五四主盟諸君痛詆文言文爲死文學，於四六駢體，尤視若仇讎，必欲摧陷廓淸之而後已。益庵乃嚴詞闢之曰：

近人喜語體者，以爲用此則生，文言則死，其排斥駢文尤甚，此大謬不然。夫文之生死，豈在體制，以言語論，人之言語，有同說一事，一則娓娓動聽，栩栩欲活，一則不善措辭，全無生氣，烏在一用語體，其文皆生耶。若如文章，六經尚矣，諸子百家，以及歷代史書，能卓然盛業，傳之不朽者，固無論已。古文家凡其入情入理，可泣可歌，苟是死板文字，何能傳世行遠。譬如讀武侯出師表，覺其忠義之氣，躍然紙上，讀李密陳情表，使人孝養之心，油然而興，其文死乎否乎。又人之爲文，在善敍事，作游記文，能狀山川情景，乃使讀之者心曠神怡，如置身於其中。作節烈傳記，述其一言一動，祇知有殉夫之志，往往令人不忍卒讀，淚下沾襟。夫文至可以動人若此，又得謂一用文言，而斥之曰，自古皆死耶。

駁斥五四主盟諸君皆誤以作者之工拙，爲文體之利弊，其說甚精。又云：

駢文之體，固是以辭藻勝，然六朝工於摹寫，如劉孝儀北使還與永豐侯書：「馬銜苜蓿，嘶立故墟，人獲蒲萄，歸種舊里。」眞一幅子卿歸國圖也。庾子山爲梁上黃侯世子與婦書：「想鏡中看影，當不含啼，欄外將花，居然俱笑。」此種文何等活潑，直入畫境。夫文能妙達畫理，豈猶垂垂欲死耶。六朝名家，其他亦多類是。蓋嘗取喻於畫，駢文如著色山水，非如古文之猶可淡描也。至如昭明謝勑賚地圖啓：「域中天外，指掌可求，地角河源，戶庭不出。」庾肩吾謝曆日啓：「初開卷始，暫謂春留，未覽篇終，便傷多及。」此兩文皆駢體也，明白如話，其可謂之死耶。吾嘗謂生死之說，不在文體，易所云神而明之，存乎其人耳。是故語體也，駢體也，苟非其人，將如庸醫殺人，使人不生不死，而卒至於死，取彼去此，非特一偏之見哉。

此誠千古不易之論也，彼蓄意詆娸駢文爲死文學、不値一錢者，允宜三復斯言。

盋庵之文學思想及其主張，大體已如上述。至於文章則有一最大特色，卽抒情之作絕少，而議論之作偏多，所作皆運思密栗，鞭辟入裏，盋庵固文士而兼說士者歟。玆選錄一首，以見其流。

復李審言書

僕於國朝作者。覽誦亦富。掎摭利病。敢申愚管。良由駢偶之體。極盛六朝。有所造述。度規乎上。不讀唐後。古人所嚴。後來英俊。持以衡較。益知先生盛藻。獨秀當時。不欲詭談稷下。憑臆是非。高議廷中。折衷同異者也。

竊以麗辭之作。別有爲先。何則。李唐取士。詩賦專崇。音韻相諧。必求協律。承其流者。遂至騶染浮藻。矜聲悅之雕華。芟翦前言。任衣裳之顚倒。限以科格。此誠無足怪也。若乃元瑜書記。致樂翩翩。入幕嘉賓。應時裁定。務爲姸巧。不必黃祖欲言。祇合鉤繩。豈容墨生自嬌。斯又局於程式。蒙叟所謂無可如何者也。至若制舉之文。厥品斯下。揣稱銖兩。亦張纂組之工。雜引宮商。足入才調之集。使語於齊梁。則固非所知矣。作爲駢文。於玆三者。寧可涇渭自淆。異軌並往。輓近篇家。旣未明辨。博觀往製。曾無先覺。平生慕悅。惟在晉宋。蔚宗季友。抑何峻逸。期以妙造自在。滌除綺靡之音。不與頹流日習。此則僕所謹謹者耳。足下道高萌外。識合郢中。知言通九辨之長。飛翰極一時之雋。略陳固陋。思共商榷。如或謂然。當益求孤進矣。

抑又聞之。子桓論文。以氣爲主。但清濁之差。猶易闚測。剛柔之質。自判陰陽。昔賢謂宣城撰史。粗立文苑。其文氣體卑弱。適見世衰。豈知駢儷一家。無取雄偉。嘗試論辟。犄足形容。逸士蕭閒。自具林泉之性。良媛貞靜。詎假塗澤之華。諷高歷賞。微會此旨。至或遺辭。輒復抑之使沈。以爲六代文字。柔緩爲尚。舒揚其氣。不能節奏同檢也。足下眞聽之士。亦許其先得我心乎。

七、黃　侃

氏字季剛，號病禪，晚號量守居士，湖北蘄春人。幼穎悟絕人，弱冠負笈東瀛，以所作投章太炎先生，許爲天下奇才，由是追隨日密，且時時爲文字鼓吹革命。光緒三十四年，以母病還鄉里，時清吏端方總督兩江，方嚴捕革命黨人，偵知氏里居，急電鄂督陳夔龍捕致之，縣役在途，始聞訊出奔，復潛走東瀛。辛亥武昌起義，氏歸鄂，與黃克強宋教仁會於武昌，時武漢雖克服，而清廷亦命馮國璋率大軍南下，急爭漢口。氏日與黃克強居覺生親赴前線視察，僉以新集之軍，不能久當北師勁旅，謀令君返蘄，急糾義兵，以牽制北師。蓋氏久憤清政不綱，數年前已在桑梓倡立孝義會，常潛至深山幽谷荒祠古刹，演講民族大義，一聚輒累千人，皖鄂之交，聞風興起者，不下數萬人。氏歸謀即日成軍，而清兵大至，漢口亦陷，氏遂亡走上海。未幾，革命政府成立於南京，氏以華夏光復，夙志已酬，遂謝絕政治，平生興國愛族之心，一寄於學術文辭，欲持此爲報國自靖之具。民國元年，主辦上海民聲日報，二年，受聘爲國立北京大學教授，至民國八年，以母年逾八十，有還鄉意，遂歸教武昌高等師範，以後歷任東北大學、中央大學教授，凡二十餘年。氏早歲嘗從章太炎先生問學，六經三史，諸子百家，靡不畢究，尤精通文字音韻之學，多言前人之所未言，發前人之所未發，成就遠在乾嘉諸老之上，爲近代國學大師，從遊學者極衆，卒能卓然有所樹立。生平不輕著書，偶有論述，必顛撲不可破者始出之。民國二十四年卒，得年僅五十歲，其門人思慕，爲刻其遺著，有禮學略說、春秋名字解詁補誼、音略、聲韻通例、集韻聲類表、黃侃論學雜著、文心雕龍札記、量守廬詞鈔等，而其文稿、日記及讀書札記之不及整理刋布者，尤多精湛之作，藏於家。

黃氏論文，糠粃唐宋，而憲章魏晉，蓋取其奇偶相參，駢散並馳也。追溯古昔，文章固未嘗有駢散之分，未有是奇而非偶者，亦未有崇偶而抑奇者，爲散爲駢，純任性之所至，此種觀念，緜衍至於魏晉，猶未盡變。自蘇綽韓愈以降，拘墟之士，好異甘酸，喜立門戶，嗜綺麗者以沈思翰藻爲宗，力排散體不得爲文，重質素者以據事直書爲主，痛詆駢偶有類俳優，莫不如冰炭之不可以同器，蘭菊之不可以同時，雖有獨見之偏，要非通方之論。黃氏之論文，則求其通方而不主於一偏，其言曰：

> 文之有駢儷，因於自然，不以一時一人之言而遂廢。然奇偶之用，變化無方，文質之宜，所施各別。或鑒於對偶之末流，遂謂駢文爲下格，或懲於流俗之恣肆，遂謂非駢體不得名文。斯皆拘滯於一隅，非閎通之論也。（文心雕龍札記麗辭篇）

言文章用駢用散，或奇或偶，各有便利，互有短長，可謂閎通而淵懿矣。又曰：

> 原夫古之爲文，初無定術，所可識者，文質二端，奇偶偏畸，卽由此起。蓋文言藻飾，用偶必多，質語簡淳，用奇必衆。尙書春秋，同爲國史，而一則麗辭盈卷，一則儷語無聞。周官禮經，同出周公，而一則列數陳文，一則簡辭述事。至於易傳書序，皆宣聖親撰之書，易傳純用駢詞，書序皆爲奇句，斯一人之作無定者也。洪範大誥，

同爲外史所掌之籍，洪範分臚名數，大誥直舉詞言，斯一書之體無定者也。此皆舉六藝爲徵，而奇偶無定已若此。

言先聖裁經，但求意思之表達，行文之便利，當奇處自然成散，當偶處自然成駢，初無駢散之成見存於胸中也。又曰：

至於子史之作，更無一成之規。老莊同爲道家，而柱史之作，盡爲對語，園吏之籍，不盡駢言。左馬同屬史官，而春秋外傳捶詞多偶，太史公書敍語皆奇。此則子史之文，用奇用偶，絕無定準者矣。

舉子史以爲證，以實前說，淵識孤懷，概見於斯矣。既而作一結論曰：

總之，偏於文者好用偶，偏於質者善用奇。文質無恆，則偶奇亦無定，必求分畛，反至拘墟，歷考前文，差堪商榷。自漢魏以來，迄於兩晉，雅俗所作，大半駢詞爲多。於時聲病之說未起，對偶之法亦寬，又有文筆之分途，幸存文質之大介。降至齊梁以下，始染沈謝之風，致力宮商，研精對偶，文已馳於新巧，義又乖於典則。斯蘇綽所以擬典誥，隋煬所以非輕側，魏徵所以譏流宕，子昂所以革浮侈，而退之於文，或至比之於武事，有摧陷廓清之功。則駢儷之末流，亦誠有以致譏召謗者乎。觀彥和所言：「氣無奇類，文乏異采，碌碌麗辭，昏睡耳目。」則駢文之弊，自彼時而已然。至劉子玄作史通，乃言「史道陵夷，蕪音累句，雲蒸泉湧。其爲史也，大抵編字不隻，捶句皆雙，修短取均，奇偶相配。故應一言蔽之者，輒足爲二言，應以三句成文者，必分爲四句，彌漫重沓，不知所裁。」此其弊又及於史矣。文質之介，漫汗不分，駢偶之詞，用之已濫。然則麗辭之末流，不亦誠有當節止者乎。唐世復古之風，始於伯玉，而大於昌黎，其後遂別有所謂古文者，其視駢文以爲衰敝之音，蘇子瞻至謂昌黎起八代之衰，直舉漢魏晉宋而一切抹殺之。宋子京修唐書，以爲對偶之文不可以入史策，斯又偏滯之見，不可以適變者也。觀唐世裴度李翺之言，知彼時固未嘗盡以對偶之文爲非法而棄之，其以是自張標志者，特一方之私見，非舉世之公談也。裴與李翺書曰：「觀弟近日制作，大旨常以時世之文多偶對儷句，屬綴風雲，羈束聲韻，爲文之病甚矣。故以雄詞遠致，一以矯之，則是以文字爲意也。且文者聖人假之以達其心，心達則已，理窮則已，非故高之下之詳之略之也。昔人有見小人之違道者，恥與之同形貌，共衣服，遂思倒置眉目，反易冠帶以異之。不知其倒之反之非也，雖失於小人，亦異於君子矣。故文之異在氣格之高下，思致之深淺，不在磔裂章句，隳廢聲韻也。人之異在風神之清濁，心志之通塞，不在於倒置眉目，反易冠帶也。」李翱之答王載言書亦曰：「溺於時者曰，文章必當對，其病於是者曰，文章不當對。此皆情有所偏，滯而不流，未識文章之所生也。古之人能極於工而已，不知其辭之對與否也。詩曰：憂心悄悄，慍於羣小。此非對也。又曰：遘閔既多，受侮不少。此非不對也。學者不知其方，而稱說云云如前所陳者，非吾之所敢聞也。」案翺方以古文自矜，而其言乃若此，知其服膺晉公所誨矣。今觀唐世之文，大抵駢散皆有，若敬輿之翰苑集，皆屬駢體，而肫摯暢遂，後世誦法不衰。即退之集中亦有駢文，樊南之文別稱四六，則爲古文者亦不廢斯體也。宋世歐蘇王三子皆爲古文大家，其於四六亦復脫去恆蹊，自出機軸，謂之變古則可，謂其竟廢斯體則不可也。近世褊隘者流，競稱唐宋古文，而於前此之文，類多譏誚，其所稱述，至於晉宋而止。不悟唐人所不滿意，止於大同已後輕豔之詞，宋人所詆爲俳優，亦裁上及徐庾，下盡西崑，初非舉自古麗辭一概廢閣之也。自爾以後，駢散竟判若胡秦，爲散文者力避對偶，爲駢文者又自安於聲韻對仗，而無復迭用奇偶之能。以愚意論之，彼以古文自標櫫者，誠可無與諍難，獨奈何以復古自命者，亦自安於駢文之號，而不一審究其名之不正乎。阮伯元云：「沈思翰藻始得爲文，而其餘皆經史子。」是以駢文爲文，而反尊散文爲經史子也。李申耆選晚周之文以迄於隋，而名之曰駢體文鈔，是以隋以前文爲駢文，而唐以後反得爲古文也。

觥觥議論，有如暮鼓晨鐘，足以發人深省，彼器量褊隘，固執一偏之見者，可爲當頭棒喝矣。

清代中葉，儀徵阮元承蕭梁諸子所倡文筆分途之說，命其子福作文筆對，嚴拒散體於文學之外，自茲厥後，高揭附和旗幟以爲聲援者，所在多是。黃氏則主張文筆合一，謂二者並無優劣之分也。其說曰：

劉彥和雖分文筆，而二者並重，未嘗以筆非文而遂屏棄之，故其書廣收衆體，而譏陸氏之未該。且其駁顏延之曰：「不以言筆爲優劣。」亦可知不以文筆爲優劣也。其他並重文筆之辭，曰「文場筆苑，有術有門。」總術篇贊曰「文藻條流，託在筆札。」書記篇贊曰「藻耀而高翔，固文筆之鳴鳳也。」風骨篇曰「裁章貴于順序，文筆之同致也。」章句篇斯皆論文與論筆相聯，曷嘗屏筆於文外哉。案文心之書，兼該衆製，明其體裁，上下洽通，古今兼照，既不從范曄之說，以有韻分難易，亦不如梁元帝之說，以有情采聲律與否分工拙，斯所以爲籠圈條貫之書。近世儀徵阮君文筆對，綜合蔚宗二蕭昭明元帝之論，以立文筆之分。因謂無情辭藻韻者不得稱文，此其說實有救弊之功，亦私心夙所憙好，但求之文體之眞諦，與舍人之微旨，實不得如阮君所言。且彥和既目爲今之常言，而金樓子亦云今人之學，則其判析不自古初明矣。與其屏筆於文外，而文域狹隘，曷若合筆於文中，而文囿恢宏。屏筆於文外，則與之對壘，而徒啓鬥爭，合筆於文中，則驅於一途，而可施鞭策。阮君之意誠善，而未爲至懿也。救弊誠有心，而於古未盡合也。學者誠服習舍人之說，則宜兼習文筆之體，洞諳文筆之術。古今雖異，可以一理推，流派雖多，可以一術訂，不亦足以張皇阮君之志事哉。見文心雕龍札記總術篇

又自五四文學革命以後，一般思想急進之士，莫不反對文章用典，以爲用典者，大抵皆衰惰之人，不能自己鑄詞造句，以寫眼前之景，胸中之意，故借用不全切，或全不切之故事陳言以代之，以圖含混過去，且以此爲躲懶藏拙之計詳見胡適文學改良芻議。而黃氏則大張撻伐，反覆批駁，屈曲洞達，使反對者無從置喙矣。錄其詞如下：

齊梁而後，聲律對偶之文大興，用事采言，尤關能事。其甚者，捃拾細事，爭疏僻典，以一事不知爲恥，以字有來歷爲高。文勝而質漸以漓，學富而才爲之累，此則末流之弊，故宜去甚去奢，以節止之者也。然質文之變，華

實之殊，事有相因，非由人力。故前人之引言用事，以達意切情爲宗，後有繼作，則轉以去故就新爲主。陸士衡云：「雖杼軸於余懷，怵他人之我先，苟傷廉而愆義，故雖愛而必捐。」豈惟命意謀篇，有斯懷想，即引言用事，亦如斯矣。是以後世之文，轉視古人增其繁縟，非必文士之失，實乃本於自然。今之訾謷用事之文者，殆未之思也。（見文心雕龍札記事類篇）

以徵引故實，比附今事，乃文章修辭之一法，非作者之失也。蓋文章修辭之法，固不止白描一端，白描特較合乎初學之便而已。又云：

且夫文章之事，才學相資，才固爲學之主，而學亦能使才增益。故彥和云：「將贍才力，務在博見。」然則學之爲益，何止爲才裨屬而已哉。然淺見者臨文而躊躇，博聞者裕之於平素，天資不充，益以强記，强記不足，助以鈔撮。自呂覽淮南之書，虞初百家之說，要皆採取往書，以資博識。後世類苑書鈔，則輸資於文士，效用於謏聞，以我搜輯之勤，祛人繙檢之劇，此類書所以日衆也。惟論文用事，非可取辦登時，觀天下書，必徧而後爲文，則皓首亦無操觚之事。故凡爲文，用事貴於能用其所嘗研討之書，用一事必求之根據，觀一書必得其績效，期之歲月，瀏覽益多，下筆爲文，何憂貧窶。若乃假助類書，乞靈雜纂，縱復取充篇幅，終恐見笑大方。蓋博見之難，古今所共，俗學所爲多謬，淺夫視爲畏塗，皆職此之由矣。又觀省前文，迷其出處，假令前人注解已就，自可因彼成功，若箋注未施，勢必須於繙檢。然書嘗經目，繙檢易爲，未識篇題，何從尋討。是以昔人以遭人而問爲懿，以耳學不精爲恥。李善之注文選，得自師傳，顏籀之注漢書，亦資衆解。是則尋覽前篇，求其根據，語能得其本始，事能舉其原書，亦須年載之功，豈能鹵莽以就也。嘗謂文章之功，莫切於事類，學舊文者，不致力於此，則不能逃孤陋之譏，自爲文者，不致力於此，則不能免空虛之誚。試觀顏氏家訓勉學文章二篇所述，可以知其術矣。（見文心雕龍札記事類篇）

黃氏論文之精要部分，大體略備於是。至其摛文，則風骨遒上，辭氣澹雅，戛然自成風格。餘杭章氏極稱之曰：「季剛清通練要之學，幼眇安雅之辭，並世吾未見有比也。」錄一首爲式。

隱秀篇

夫文以致曲爲貴。故一義可以包餘。辭以得當爲先。故片言可以居要。蓋言不盡意。必含餘意以成巧　。意不稱物。宜資要言以助明。言含餘意則謂之隱。意資要言則謂之秀。隱具於此。而義存乎彼。秀者理有所致。而辭效其功。若義有所闕略。詞有省減。或迂其言說。或晦其訓故。無當於隱也。若故作才語。弄其筆端。以纖巧爲能。以刻飾爲務。非所云秀也。然則隱以複意爲工。而纖旨存乎文外。秀以卓絕爲巧。而精語峙乎篇中。故曰「情在辭外曰隱。狀溢目前曰秀。」大則成篇。小則片語。皆可爲隱。或狀物色。或附情理。皆可爲秀　。「目送歸鴻易。手揮五絃難。」隱之喻也。「玉在山而草木潤。淵生珠而崖不枯。」秀之喻也。然隱秀之原。存乎神思。意有所寄。言所不追。理具文中。神餘象表。則隱生焉。意有所重。明以單辭。超越常音。獨標若穎。則秀生焉。此皆功存玄解。契定機先。非塗附之功。非雕染之事。若意本淺露。語本平庸。出之以廋辭。加之以華色。此乃蒙羊質以虎皮。刻無鹽爲西子。非無彪炳之文。粉黛之飾。言尋本質。則僞蹟章明矣。故知妙合自然。則隱秀之美易致。假於潤色。則隱秀之實已乖。故今古篇章。充盈篋笥。求其隱秀。希若鳳麟。陸士衡云：「雖紛藹於此世。嗟不盈於余匊。」蓋謂此也。今試分徵前載。考彼二長。

若乃聖賢述作。經典正文。言盡琳瑯。句皆韶夏。摘其隱秀。誠恐匪宜。然易傳有言中事隱之文。左氏明微顯志晦之例。禮有舉輕以包重。詩有陳古以刺今。是則文外重旨。唯經獨多。至若禹拜昌辭。不過慎身數語。孔明詩旨。蔽以無邪一言。書引遲任之詞。祇存三句。傳敘大武之頌。惟取卒章。是則舉彼話言。標爲殊義　。於經有例。亦非後世創之也。孟子之釋書文。武成一篇。洵多隱義。謝安之舉經訓。訏謨二語。偏有雅音。舉例而思。

則隱秀之在六經。如琅玕之盈玉府。更僕難數。鑽仰焉窮者矣。自屈宋以降。世有名篇。略舉二三。以明隱秀。

若夫離騷依詩以取興。九辨述志以諫君。賈誼弔屈以自傷。揚雄劇秦以寓諷。王粲登樓。歎匏懸之不用。子期聞笛。愍麥秀於爲墟。令升晉紀之論。明金德之異包桑。元卿高帝之頌。誚煬失而思魚藻。他若古詩十九首。皆含深旨。詠懷八十二首。悉寓悲思。陳思有離析之哀。則託情於黃髮。公幹含卓犖之氣。故假喩於青松。雖世遠人遐，本懷難盡昭晳。以意逆志。亦可得其依稀焉。

又如先士茂製。諷高歷賞。屈賦之靑靑秋蘭。小山之萋萋春草。班姬之團團明月。嵇生之浩浩洪流。子荆陟陽之章。用晨風爲高唱。興公天台之賦。敍瀑布而擅長。彥伯東征。泝流風以盡寫送之致。景純幽思。述川林以寄蕭瑟之懷。

至若雲橫廣階。月照積雪。吳江楓落。池塘草生。並自昔勝言。至今莫及。且其爲秀。亦不限於圖貌山川。摹寫物色。故所遇無故物。王恭以爲佳言。思君若流水。宋帝擬其音調。延年疏誕。詠古有自寓之辭。曹公古直。樂府有悲涼之句。故知敍事敍情。皆有秀語。豈必連篇累牘。不出月露之形。積案盈箱。唯是風雲之狀　。爭奇一字。競巧一韻。然後爲秀哉。

蓋聞玉藻瓊敷。等中原之有菽。錯金縷采。異芙蕖之出波。隱秀之篇。可以自然求。難以人力致　。要之理如槖籥。與天地而罔窮。思等流波。隨時序而前進。綴文之士。亦惟先求學識。次練體裁。摹雅致以定習。課精思以馭篇。然後窮幽洞微。因宜適變。斲輪自辨其疾徐。伊摯自喩其甘𠰻。古來隱秀之作。誰云其不可復繼哉。

贊曰。意存言表。婉而成章。川含珠玉。瀾顯圓方。若發穎豎。託響非常。千金一字。歷久逾芳。

觀其氣體淵雅，藻思綺合。以視彥和，晉帖唐臨矣。至於小賦及一般應酬之作，亦皆雋永深醇，上侔魏晉。嘗鼎一臠，繫諸左方。

朱母涂太夫人誄

太夫人潛江舊族。涂氏之子。父州判君。家世餘財。惡盈好謙。太夫人受過庭之訓。體季蘭之姿。學窈窕之篇。躬煩辱之事。州判相攸。以適同縣處士朱君。爰初來嫁。君舅夙喪。仰事慈姑。曁庶祖母。婉孌供養。不遐有愆。處士敬之。家道以正。生子五人。其儀如一。恆以前言往行教之誨之。雖敬姜之知禮。孟母之三遷。不是過矣。姑嘗寢疾。無藥不將。病旣日臻。憂心顚頓。感於俗論封臂和湯之事。遠跡介推劉股奉君之故。竟以匹婦忘身愛親之行。而齊扁鵲能生死人之效。姑病良已。微知其狀。悲曰。我形壽已究。死其常也。奈何苦我孝婦乎。由是奇行遠聞。州里嗟歎。季子羲胄。幼蒙義方。長涉典經。立身行道。思貽令名。循南陔以戒養。詠白華以自淸。太夫人宜荷無疆之祿。永好德而康寧。奈何不淑。以民國六年月日卒于小寢。春秋七十一。烏呼哀哉。世喪母儀。宗殞女師。孝子擗踊。何恃何依。遠近赴弔。至止增悲。爰作誄詞。以敍赫姿。誄曰。

禕與哲母。秉心塞淵。在婦則孝。在母則賢。仰奉枌榆。俯鞠麻枲。雖休勿休。亦旣勤止。於皇處士。樂道忘飢。琴瑟靜好。衡門棲遲。親瘠弗愉。何醫不召。藥雖瞑眩。沉痾難療。哲母曰咨。藥石何爲。追魂岱宗。惡用禱詞。刲股合齊。自古有之。匹婦之愚。智過子儀。至誠感神。祚于而胤。而胤如何。溫恭淑愼。行有九德。動無悔吝。國人願然。遺名果令。人亦有言。美意延年。宜登胡耇。髮白仍玄。奈何厭世。去而上仙。稅衣升榮。魂魄永遷。烏呼哀哉。棘人欒欒。皇然有求。聲兮長號。涕兮橫流。哀感蒼玄。行雲爲留。迺述徽音。赴于夷儔。春秋代序。生必有亡。夫惟美名。彌久彌芳。俾爾後嗣。食德不忘。陳辭慰懷。庶無永傷。嗚呼哀哉。

八、黃孝紓　孝紓字頵士，號匑庵，福建閩縣人。父某，淸光緒中，以翰林轉御史，出爲守，歷官皖魯，政績懋著，晚年隱於卽墨之勞山。孝紓幼承庭訓，潔身養志，功名利祿，非所縈心，唯專意墳籍，寄情翰墨而已。於詩、詞、畫造詣極深，時有三絕之譽，民國十三年鬻畫上海，旋主吳興劉承幹之嘉業堂，凡十年，因遍讀所藏書，從遊者極衆，隱然爲東南大師，晚年應聘爲山東大學教授，鄒魯俊彥，多荷裁成。所著蒭庵文稿，光緒二十五年已刊行於世，其弟君坦公孟並工詞章，今人王則潞取三人之作合刊爲左海黃氏三先生儷體文。

蒭庵靈悟天挺，才思橫逸，弱年韞櫝六經，貫穿百氏，固已華實兼資，神明內歛。既而塵視軒冕，曠懷高蹈，則儼然魏晉間人也。於六朝最喜范曄酈道元劉峻庾信諸家作品，於清人則瓣香汪中洪亮吉二大家，觀其與馮夢華論文書可以知矣。

> 輓近士夫，驅騖耳學，掞張目論，譁衆取寵，乃市詅癡之符，飾智矜愚，私竊狄鞮之說，抵掌於裨瀛，而茫昧於衣履之近，哆口於經濟，而乖舛乎人倫之常，左書而右契，北轍而南轅，是謂浮夸，吾無取焉。亦有胸臆是任，溝瞀爲懷，無書視犬之字，斥爲委談，揚雲雕蟲之文，謂之小技，祖韓柳而祧徐庾，軒秦漢而輕齊梁，究之方聞樸學，但屬空談，販舌張頰，取飾儉腹，自蔽益深，誤人彌甚，抑亦近世之通病也。若夫廣麗製之規，繹文言之義，千金享帚，謂有其人，則又目營兔園之册，耳習闤闠之音，金鍼單慧，誤迦陵之讕言，繡襦諸于，溺隨園之僞體，凡諸骳骫，曾何足云。紓家有賜書，少聞庭誥，治經之暇，竊好斯文，嘗以六朝人士，祖尚玄學，吐屬清拔，高在神境，譬夫車子轉喉，有聲外不言之悟，湘靈鼓瑟，得曲終無人之妙。以才雄者，類物賦形，以情勝者，言哀已歎。潘陸聯鑣於典午，江鮑驂靳於蕭齊，道元經注，山水方滋，蔚宗史才，論贊獨絕，曹思王之誄碑，吳季重之箋奏，庾信多蕭瑟之思，劉峻得儁上之致，各顓一體，並有千秋。求之昭代，容甫北江，雅稱復古。平生證嚮，略罄斯言。

蒭庵聲華意氣，籠蓋海內，唯生平不輕搦管，偶有所作，必事出沈思，義歸翰藻者始出之，故其弟子王則潞殺青所編者，祇三十四篇耳。玩其篇章，咸能斟酌前修，擺脫凡猥，尤能獨出機杼，自鑄偉詞。其中極輕倩者有寒望賦，極流美者有吳遊片羽序，極疏澹者有潛樓圖序，極典贍者有冒鶴亭京卿和杜工部夔州五律詩序，極華茂者有彊村校詞圖序，極雄渾者有重刊蒼梧詞序，極清潤者有旌表節孝蔣母馬太夫人誄文，極沈鬱者有孫益庵先生誄文，極綺麗者有弔雷峯塔文，極纖穠者有梅妃傳傳奇引，極典雅者有頌橋廬記等。他如眞珠梅賦之風骨翹秀，遲意深婉，悼孤鶴賦之風韻跌宕，音節蒼涼，寒柝賦之文霞淪漪，緒飈搖曳，益都臙脂井記之豐姿秀逸，聲光兼美，乙丑二月花朝集周氏學圃記之掞蔚春華，時標麗藻，均不媿一時之選。而享譽最高，讀之令人盪氣迴腸，擊節三歎者，則非哀時命莫屬。此篇體仿庾子山之哀江南賦，低徊家國盛衰之故，驚心動魄，傳徧大江南北，玆全錄之，以供觀賞。

哀時命

西漢嚴忌遭時不偶。賦哀時命一篇。後世讀其言而悲之。余涉歷艱屯。蹉跎歲路。仰覩先哲。其境尤戚。而古人之間。獨以梁之庾信。庶爲近之。爰仍嚴生之舊名。兼用子山哀江南賦體幷韵。暇日抽思。更爲新製。嗟乎。茫茫來日。誰可晤言。瞢瞢彼蒼。豈云可問。橘植江浦。非可假以踰淮。玉熸崑岡。或當同夫焦石。卷施之心已死。鶺鴒之枝未安。自非茂陵銅狄。武擔石人。疇能無身世之感。俯仰之嘅哉。削藁濳然。薄抒胸臆。勞者自歌。無嫌鄙屑。知我罪我。亦無瞢焉。辭曰。

橫戈紀歲。元冥涖官。日薄無色。雲流有瀾。時逼歲暮。土靡寸安。亂脊脊而胡底。意回回而無主。家竄梁鴻。神傷衞虎。摶沙何常。斷梗靡聚。翳蘭錡之舊族。爰肇與於我祖。厠七姓以從王。入八閩而宅土。作流舊於侯官。甄勳格於軍府。文無曠僚。武無律竭。奕世簪纓。嬗家鉞節。或宰邑而稱循。或殫忠而蒙烈。陸浚儀揭像而表圖。杜元凱臨流而湛偈。猗惟大人。啓躍秀民。通籍俠陛。勵志埋輪。烏臺論列。玉府浮筠。重旺作牧。中命詞臣。南蕊皖服。北來濟濱。翔旗起隼。綰佩鏤麟。作郡十載。頌聲在人。

余隨侍於丱歲。値開元之季年。雖外侮之間至。乃國事其猶賢。玉棓隱耀。寧鍸列筵。鐘鼓周序。歌吹沸天。家頌塞宴。國安幅圓。朝夜無事。薰風泛絃。運極熾則中屯。天降疵於下武。道竟失於夷庚。厄乃丁於典午。攙鑯四維。昌言九主。杞人憂天。仲尼歎魯。涕出未央之鐘。祆鳴歷陽之鼓。西望川陝滇黔。南極湖湘江浦。地覆坤維。天傾乾柱。劵裂十華。讖興三戶。鍾離稾君。宣宮巽羽。莫不共鶩封而宵熸。與貛疏而晝舞。頹垣有雲。洗兵無雨。

武昌首義。遂覆天下。鼙鼓乏死節之臣。軺車恥觀軍之使。責干城於剩員，假閫寄於僨帥。部曲星離 。將士痲沸。閫外有執冰公徒。軍中號摸金校尉。廟堂偸樂。士皆不學。上下周章。老成凋落。習媚高尻。偸容崩角。清談則夷甫。元老則長樂。腰扇者竊附褚公。捫蝨者自矜景略。志士顏汗。尸臣氣索。人爲藏窟之貌。士半乘軒之鶴。曹社鬼謀。吳宮塵淌。國改宗祭。野多壁壘。漢失靈蛇。秦亡寶雉。値銅駝於棘中。屑金人之鉛水。九廟之祀忽諸。八紘之禍兆矣。

本初竊命。爲蜮爲貔。安忍無親。侜張蠱性。伏地呫天。瞽實聾正。仲家自爲。束緰自縻。嗟雞尸而牛從。亦羊質而虎皮。九世卿族。百年宗枝。醜不勝載。僥無侯吹。促威斗於一瞬。問神鼎其何窺。時則方鎭阻兵。精迦擐胄。勒軍則燒搒焚杅。逐帥則仆表決漏。韜未諳於孫吳。謂不逮於賈寇。亦復很遬貪羊。酷如鷙獸。赤眚絳天。妖霧蔽宿。肆函谷之鯨呑。駭鄭城之蛇鬥。原燎簸扇。畇畇禹甸。摟趙連齊。跨州幷縣。路習槍雷。士狃被練。望鮨藍而逋誅。據貊盤而歡宴。遂乃稱戎畿輔。搶攘契箭。火徹誃門。矢驚朶殿。范陽魏博之卒。犯闕而合圍。函箱背嵬之軍。乘勢而激變。十二年中。鞪轂五戰。日空返於揮戈。軍難銷於揮扇。權則上替。策靡遠綏。發號不越十步。施令詎式九圍。金雌告讖。鐵牡宵飛。乃有兩戒分裂。榱崩棟折。舟沮南檣。車迷西轍。艅艎旄頭。張皇箕舌。奮旅番禺。窺兵武穴。尸積洞庭。甲齊大別。勍敵五嶺飛芻。將軍三湘馳節。城堡榛曠。兜烽箕咸。地殫芻茭。國罷丁壯。不聞繫纓之訐。坐見僨軍之將。鞭臨江而可投。籌無糧而奚唱。楚氛甚惡。吳師齊喪。楓林化械。鬼聲愀愴。始滇池之易幟。乃致歎於鞭長。疽潰非針鍉所治。川決非石楗所防。緜延萬里。禍起蕭牆。尉佗左纛。半壁云亡。草寇竊發。雲屯霧勃。揭竿有知世之郎。斬木則漁陽戍卒。狐火千村。鴟苕萬窟。四序游魂。三軍暴骨。鋌險呼號。負隅出沒。天醉難言。毒痛誰假。擾擾海岱之郊。茫茫荊河之野。隖列賊衆。城高人寡。環伊洛而爲墟。攻即墨而竟下。里第巢烏。素車繫馬。兔竄頹垣。獸嗥破瓦。

於是民力殄瘁。生計傾覆。火熱八鴻。水深獨鹿。千危萬困。上慘下黷。暴烈風禽之災。禍甚日烏之酷。小民不遑假寐。君子無望旻睦。加以政密秋荼。家空杼軸。人之無良。穿窬技熟。上多掊克之臣。野有中宵之哭。秉箅牢盆。設征要塞。杓欄並徵，桁楊相對。苛羲和之五均。值楊炎之兩稅。賈肆錢荒。通途壅礙。矧復巨浸掀舟。河傾下流。彼淮海與閩越。又頻患於江流。溢溯浦之故道。漂利津之譙樓。誰堙息壤。高築哀邱。巢居架竈。陸行用舟。嗟我黎獻。湛茲陽侯。有邑皆沼。何地非洲。人聚化於魚鱉。里無鎮於犀牛。風雪載路。人靡生趣。泣單複而無衣。望慈航而不渡。築堰徵徭。防河設戍。大旱繼之。烏靡栖樹。野稿穜稑。鄉刊桑梓。連歲爲災。呼天孰恃。豫陝燕齊。赤地千里。禱剪爪而不靈。慣刺泉而無水。極目傷心。民焉逃死。

永嘉板蕩之辰。王粲流離之始。朝改鈞維。家謝宦仕。寄命孌楊。脫身安史。遇逢萌而愴三綱。從箕餘而訊九洛。徘徊死生。崎嶇靡託。載鐵籠而憂來。泣露車而淚落。倮從飄零。輕裝蕭索。始則窮島鏟迹。荒陬杜扉。與蟄燕而分食。更茅龍而乏衣。舄惟吟越。臘不從王。溷茶坡之逆旅。采薇蕨於首陽。打頭有屋。蹬步無堂。腸折羌笛。夢縈歸檣。北不見鐵嶺。南不見琴江。地則僑置鹿督。臺則惟登雁王。海氣鑠肌。寒冰擘泗。鴻雁寡飛。蛟龍大至。言牛雜於侏儒。居近隣於魑魅。謂僻陋之可居。復甘寢之莫冀。突未黔於寒灶。兵忽訛於凶器。甏屋彌山。佉苴匝地。城郭蟲沙。樓臺蜃氣。東播西流。心力交瘁。

若乃指南郭之柳泉。傍東門之瓜圃。海岱大郡。稱名自古。賃廡有伯通破舂。卜宅有太初焦柱。雖無棖題之觀。白屋室家之聚。然而避秦不入於武陵。障塵恐污於元亮。杜陵瀼西。介推縣上。境迫愈艱。神摧難曠。彼淮陽之被兵。又百里而可望。不聞中翼稍兵。屢見軫公對仗。鷙鳥墮飛繳。潛鱗泣游綸。獨閉門而任命　。徒遲鬢而習勤。去國有鶗鴂之恨。偷生皆蟣蝨之臣。霸陵醉尉。貴於漢李廣。吳門市卒。溷於梅子眞。與木石而爲友。逃蓬藿而無人。呂肆販葱。眷言已遠。高臺落棐。長謠恨晚。睎髮風前。行吟嗒然。難迴長沙之袖。誰贈繞朝之鞭。髯亂拚鶴。肩削異鳶。蕭綜之北歸無日。王褒之南渡何年。家世清貧。甑塵竊恥。以蠛梠而佐餐。無魚菽以供祀。點金之術未諳。吹玉之憂方始。俟光但熱不因人。伯龍則鬼竊笑已。靜言思之。慨其歎矣。

平原之雅志典墳。思公之與爲臥起。慕書淫於北地。仰文棟於東吳。雕蟲等視。覆瓿之徒。資髢而適蠻越。貨冠而索戎渝。辱正平以俳優之伎。嘲張紘於大小之巫。但敝帚之自享。幸瓜硎之得娛。文不能磨盾作檄。武不能盤馬彎弧。警命宮於磨蝎。等骯髒於豬都。世路艱難。積憂百端。擯桂林而移植。雜橘枳而爲安。檀公則餓鱗不噬。應生之枯魚已殘。言語獨忤。笑啼亦難。俗則蒙蛸集蜮。身則疊棋累丸。跬步足躓。伏念心寒。雖使盼馬角於一日。招猿鶴於故山。而兵燹屢經。交視凋殞。鍾墅侵於强宗。陋巷轔於車軫。中條之墅已荒。下潠之田復盡。茲復祅氛澒洞。絪氣經寃。晉楚不睦。鄭息違言。馬江兵鬨。獅巖軍屯。帳啓環玉之館。馬繫還珠之門。迸肉籬於碧海。鼉下瀨之弋船。八閩則彌望狼烟。三山則流離雁戶。星指牽牛。雲愁參虎。目空擊於漁滄。夢漸迷於霞浦。未斬鯨鯢。空占狐蠱。徐陵則歸去無家。鮑照則憂來擊柱。昔之豪氣縱橫。霞起赤城。八極口侈。四海目營。返烏桓於羲御。探驪珠於罌兵。講道藝者慕王子。談武略者陋士行。親戚嘉樂。友生嚶鳴。令原啓花樹之宴。砥路寢桴鼓之聲。曾幾何時。栖屑無地。家以亂離。志難氣餒。等孤蓬之無依。共秋蔕而吹沸。侂傺屏營　。憂思潮沸。欲賡同谷之歌。長下窮途之淚。哀天下之營營。已溷亂於渭涇。喩紛謀於道室。譬聚訟於竈陘。衆僉昧夫飛幕。泣誰愴夫新亭。枯木生蝨。腐草爲螢。上則畫君如棋弈。下則貪劣污汗青。燕雀高飛而刺天。鵾鵊難馴於集泮。等周鼎於康瓠。謂白徒爲黃散。已成五代之風。難弭九州之亂。滄海乃昔日之桑田。深谷爲當年之高岸。北邙夜長。南山石粲。孟敏有破甑之悲。魏牟動敗綻之歎。俶離山河。飄若逝波。內亂方亟。外患孔多。魯仲連之蹈海。申屠狄之沈河。見被髮者識瓜分之先兆。問故國者起黍離之哀歌。

嗚呼。國家之維曰廉恥。上下之別有等威。道背馳而絕遠。詩何怨於式微。棼絲孰斬。游騎無歸。陸沉則四海共盡。劫灰則六合俱飛。哀此道否。孰爲禍始。雖黨人之不競。亦亂階之自起。始則鑄錯一時。終則流毒萬祀。奉侏離爲功令。侈游談於學子。喫詬以多力遺珠。渾沌以鑿竅而死。杞侯不恥於用夷。鼂錯幸逃於肆市。大道既亡。皇運不昌。置仁義於屎溺。棄蕉萃於姬姜。故秦之賊。是爲公孫鞅。趙之覆。由於武靈王。雖復暉台返鼎。乾宮正位。革囊之運未幾。敝屣之業旋棄。朽索非奔馬之駕。深山黯興龍之氣。

嗟乎。天道難言。人心如醉。屯不極者剝不復。否不甚者泰不旋。俯仰身世。感慨係焉。歎緯繣於大化。消余身於逝川。日詭月異。千變萬遷。邁宗慤破浪之日。迨陸機入洛之年。拔劍斫地。呵壁問天。加以髀肉復生。前程杳然。月窮星紀。春回歲始。萬慮迫於窮多。百憂叢於茂齒。警鳴雞於中宵。歌闌珊於下里。欲援雍門之琴。何處燕臺之市。誤我儒生。伊誰國士。長言當哭。屬辭代史。豈直感哀時命。獨有西漢嚴生。蓋亦蕭瑟文章。竊擬江南庾子。

觀其音調高抗，神韻緜遠，知其薰陶濡染於六朝者深矣。大抵匑庵之作，類都運意深遠，用筆幽邃，鍊字鍊詞，迥不猶人，往往於綺藻豐縟之中，存簡質清剛之制，故能戛戛自異，卓然名家。近人錢基博云：「孝紓以盛年富才藻，而奉親孤往，與山林枯槁之士同其微尚，識者悲之。刋有匑庵文稿六卷，大抵融情於景，而抒以警鍊之詞，斆鮑照以參酈道元，夾議於敍，而發以縱橫之氣，由庾信以闚范蔚宗。辭來切今，氣往鑠古，以視李詳之好雕藻而乏韻致，孫德謙又尚氣韻而或緩懦，其於孝紓，當有後賢之畏焉。」（現代中國文學史）蓋篤論也。

九、陳含光　含光字移孫，初名延韡，晚年更名含光，江蘇江都人，幼聰慧絕倫，文藻秀出，唯胸次高曠，終身不求仕進，以此見重士林，推爲騷壇之祭酒焉。民國四十二年卒，年七十八，著有含光詩含光儷體文稿各若干卷行世。

含光博覽多通，終身不離翰墨，工書，善畫，其詩笙簧六朝，馳驟兩宋，深涵茂育，精工巧麗，尤戛戛獨造，陵轢當年，舉天下士大夫，以及山林詞客，衲子羽流，莫不奔走門下，片言褒賞，聲價驟起，洵大澤之礨空，鄧林之魁父也。嘗自述平生志趣云：「吾自是天地間一畸人，於九流都無置處，少若狷狹　晚轉恬曠，常樂莊生齊物之說，務欲極一己之自由。……嘗自謂性有三反，頗喜讀書，不事著述，傾意朋友，不樂交游，儉於用財，糞土貨利。游山澤，習禪觀，心甚樂之，引醇醪，聆聲伎，意甚悅之。言不掩行，行不掩言，以爲楩枏文梓，要以癭瘤擁腫爲奇，若跂醜爲妍，亦復何異凡木。故狂不至若阮嗣宗，傲不至若嵇叔夜，長卿慢世，元亮任眞，其所慕也。性好文章，特有懸解，以爲文之爲事，三元而已。未有文字，已有謳吟，故詩爲最先，詩以哀樂爲元，以眞爲歸，以如感淺深爲美，結繩既往，事物必須紀錄，史之所由生也。史以簿籍爲元，以信爲歸，以如物情狀爲美，語言以道志意，時有遷流，方有限閡，則語之用絀，而文興焉。文以志意爲元，以達爲歸，以如意屈折爲美，其末流枝交脈注，離合至不可窮，要乎本源不出於此。又以爲人之天性，本能文字，顧不習之古人，則無以發明，譬之小兒，語言動作，必資仿於成人，及其長成，則與所仿者或略相似，或竟不同，然使乳哺之辰，遽棄之窮山絕壑，則必塊然渾沌，一不能矣。故謂文必似古，與文可創作，兩者相反而俱非，於詩唯情之說，持之尤堅，及所自作，乃不能逮。文則不尙苦思，佇興而就，其他書畫，小小技藝，不足言也。果後有賞眞拔異之賢，則吾謦音笑貌，粗亦具於此文，把臂相歡，豈論存沒，如其不遇，亦已焉哉。」辭意牢落。可概見焉。

至於四六駢體，則專以追摩庾子山爲能事，所撰述亂賦，仿子山哀江南賦體，感欷世難，蕭瑟江關，洋溢行間字裏，蓋有不勝其激楚蒼涼者矣。茲以其文太長，不具錄，僅錄其中最典麗之二段如左：

我中華書契初開。卽同民而出治。勳華御世。又天下而爲公。歷五際之休運。返千秋於大同。河出圖而集鳳。乾用九而占龍。値有清之屯夷。始文明之作覩。犖澤火以黃牛。奮金精於白虎。嘯呼則岳震川搖。綏集則壺漿酒脯。乍斬木而爲兵。遂建瓴而張楚。爟火照於江干。戈船降於海浦。役不踰旬。兵無漂櫓。三十六方。同時樹羽。橫神州而高步。指軒轅爲鼻祖。

韡江淮之孤陋。非擅美於東南。昔九能而表望。今三葉而無慙。蜩鷽缺扶搖之翼。雜縣非鐘鼓之諳。風林月樹。秋靄春嵐。螺杯泛蟻。蠹卷披蟫。賁帛於丘園之逸。問禮於藏室之聃。遂摩燕而集闕。聊居朝而習隱。望帝里之神皋。接文儒之修軫。梁王邀而作賦。子建逢而傅粉。詞雹散而風飛。筆泉流而珠貫。摧乎枚馬之陣。陷乎應劉之盾。謂就業於名山。且和光於玄牝。駭熒惑之逃舍。幻青紅而吐蜃。

又如清故榮祿大夫汪君墓志銘序：「松風一徑，元非季氏之階，石室千秋，永誌滕公之墓。」周君墓志銘序：「至於霜天白菊，把臂高吟，淥水紅蓮，比肩游冶，豈謂崦嵫晚景，反絢於朝煇，蒲柳秋風，顧慙於瘣木，過黃壚之故處，慟哭同車，覽靑簡之遺文，招魂藉夢」等，無不氣象高華，神韻逼眞，卽入諸蘭成集中，恐亦難辨楮葉，謂非庾子山之脫胎，之返魂，可乎。千載以來，模仿庾子山而得其神髓，作品絕無一滴雜血攙和其間者，吾得三人焉，曰王闓運，曰黃孝紓，曰陳含光，而含光則其殿焉者也。

自餘傑構，陳事之賦則有孔雀、流水音、松阡雙鶴圖、美人髮、過舊園、九日愁思等，皆體物瀏亮，窮形盡態。序跋之屬則有過贊化宮弔李公秉衡序、擬陸士衡豪士賦序、和周湘亭壽張素琴墓詩序、送女子朱文君別序、三月三日詠桃花詩序、尹石公生日何氏圖集序、世說箋釋序、丁丑秋習書冊自跋等，皆律呂諧和，宮商輯洽。哀祭之辭則有遙祭季威吳上將文、弔明史閣部文、公祭許母唐太夫人文、王叔涵誄、毛君元徵母楊淑人誄、何巹威誄、表弟朱美宣哀辭、汪壽彭哀辭等，皆詞采哀麗，音節悲涼。碑銘之作則有清廣西巡撫史公神道碑、故江蘇巡按使韓公碑、處士蕭君墓志銘、毛君墓志銘、康宜人墓志銘等，皆沈鬱深婉，酸淒入骨。贊頌之篇則有小松贊、仙人拳花贊、齋中雜贊、漢晉五公頌、積雪頌、天壇碑林頌、攫金者頌、定武上將軍張公徐州生祠頌等，皆詞華煊爛，筆力靖凝。而書啓之類則有謝贈紅豆啓、募修汪容甫先生墓啓、與伎人朱劍萍啓、謝在渝諸公啓、謝餉羊肉啓、與王叔涵書、報所親書、與某丈書、答李稚甫書、答曇影書等，皆風骨鏗鍧，筆致倩秀。江山文藻，鬱為不朽矣。今人孫克寬云：「跡其所造，衡校鄉閭，固已秀掩容甫，潤逼審言。」（弔陳含光先生文）亶其然乎。率舉二首為例，雖大海一瀾，未窮涯涘，而吉光片羽，亦足觀覽焉。

九日愁思賦

歲居強圉。日次星房。寒蜩噤樹。高鷹擊霜。遭災年於百六。當勝日之重陽。犯斗槎飛。垂天鵬起。隕流火於九霄。駭奔霆於百里。銅山崩而鐘應。地維絕而鼇徙。扉不撼以自搖。抵疇頹而忽阤。余方仰屋驚心。據梧傾耳。作而歎曰。嗚呼噫嘻。哀哉耗矣。一震之威。云胡暴矣。山川幾處。城郭誰家。瓦碎於昆陽之陣。阬填於硎谷之瓜。樓臺變於煨燼。肝腦醢於泥沙。方生方死。天乎命耶。

溯燕都之始敗。實童昏之自快。任王歛而和親。效宋襄之仁義。陣壓城危。脣吹野沸。獸已困於檻中。魚甫騰於網內。有葱靈之載陽虎。無治父之囚羣帥。漢闕周京。一朝全棄。趙北席卷。燕南鯨掣。居庸地險。龍虎臺高。守踰蜀劍。扼甚秦崤。山愁束馬。木絕升猱。非卑耳之可上。異皋蘭而可鏖。後援寄雲中之守。淸人奏河上之謠。遂城孤而路絕。並額爛而頭焦。

於是東起飛狐。西連馬邑。盛樂北包。秀容南躡。混全晉於烽煙。淩九天而攻襲。鳴猶雷訇。奔軺颷急。麾兵則句注山危。飲馬則長城水歰。良將死綏。三軍飲泣。別有赤羽軍容。黃衫袴褶。動如兔脫。伏猶熊蟄。樂樊噲之橫行。追票姚之深入。煙馳電激。奇勳庶集。正定鮮虞之國。平原趙勝之封。障中原於萬里。走馳道於雙龍。任實隆於分陝。命宜稟於元戎。謝鞚馬之假道。做功人之指蹤。徒聞日蹙。祇見傳烽。

若夫海市江關。吳松滬瀆。盡聲利於五都。萃梯航於萬族。樓臨煙雨。街塡金玉。錦市珠簾。華軒繡轂。妖姬之蕙心紈質。島客之虬髯卉服。遭奮地之雷硠。值雨天之箭鏃。莫不葬殘骨於長平。委崩沙於鉅鹿。連空架網。而地橫溝。彼以橫海樓船厚其陣。我以常山蛇勢搤其喉。奮呼則川沸。肉搏則神愁。塹擁則莫攖乎虓虎。車衝則必挾其輈。臺城之圍。守精於羊侃。官渡之戰。謀過於荀攸。氣雖騰於海蜃。星終護於斗牛。疆場之間。一彼一此。惟此維揚。距無千里。風便帆開。雲平雁駛。乍天鼓之鳴空。旋妖蜺之投壘。八公鶴唳而心碎。三峽猿啼而色死。曷時日之偕亡。痛吾生其云已。

余鳳飛之八世。承家慶於三君。捉張譏之玉麈。曳羊欣之練裙。弱非好弄。壯忝知文。時則光華日月。紛郁煙雲。階平星正。財阜風薰。罔有聞於冠蓋。野無廢於耕耘。池臺鐘鼓。禮樂河汾。山唯歸馬。民謝能軍。九日霜清。三春寒薄。繭栗花初。雞翹草弱。題竹成詩。回波命酌。被豔曲於鴛鴦。贈新詞於芍藥。分日爲歡。隨情成樂。謂畢百年。方窮嗢噱。豈知麟獲星沉。龍移海涸。桐半死而半生。人惟寂而惟漠。猶復瓜名子母。草號王孫。總持草市。元亮桃源。潛魚伏沼。羅雀關門。入洛異士衡之雋。養生脩淑夜之言。麈編滿榻。濁酒盈尊。冀和光於魚鳥。幸比壽於狙猿。遂乃西北風塵。東南酣戰。亡秦激三戶之心。帶甲盡九州之半。軍書如雨。鋒旗若電。小婦縫裳。丁男被練。閭左充於兵氣。田父張於空拳。量澤死而如蕉。慟元歸而載轊。

亦有轉徙關河。亡親喪串。殘形入貍首之琴。餓死望雀巢之卵。年侵耳順。日迫虞淵。擠顏瓢於陋巷。遊羿彀於危弦。鼓筴荷受糈之賜。負杖慙入保之賢。靡執戈而衞國。徒呵壁而問天。燭之武之年。忽其已老。諸葛君之命。終於苟全。存亡倏忽。不可豫詮。

爾乃秋葉初風。秋雲不雨。鳴蟀升階。飛鴻遵渚。仰太白之星高。感金商之氣楚。題餻有字。戲馬無臺。黃花未把。白衣不來。覬辟惡於茱萸之佩。倚消憂於竹葉之杯。登高賦就。望遠顏開。勝事共少年俱往。衰容與急景同催。昔蔡文姬有悲憤之詩。班倢伃有自傷之句。彼女子其猶然。矧吾儕之千慮。零落溝中之斷。炊淅矛頭之懼。撫雄劍而龍痻。夢鈞天而蝶去。一期風雹。千齡旦暮。孟參軍之今日。斷無落帽之情。庾開府之生平。猶有記言之賦。

送女子朱文君別序

西風夜緊。木葉爭飛。南浦晨寒。佳人亦去。金觴掩淥。珠柱停徽。馬睆舊而悲鳴。鷃辭鄉而下泣。生來玉貌。豈住圍城。還顧龍門。兼懷哀郢。鄴下滿桃之錦。非事登高。江南黃竹之箱。便隨行李。畫中綺閣。天半朱闌。猶殢餘嬌。尙縈殘囀。縱橫衣桁。流黃共鼠跡俱塵。狼籍香奩。斷粉與燕泥同汚。翠深眉恨。那復掃蛾。瘦減腰身。自然飛燕。登艫凝睇。折柳含愁。直置魂消。可論腸斷。綠杉野屋。方偕西子而負薪。明月高樓。永絕東家之闚玉。

僕頻年縱酒。一晌貪歡。銀河犯織女之機。玉齒荷靈妃之笑。魯男柳下。衞女桑中。香聞帳底。是夢非眞。花著鏡心。無親有愛。至於鳳臺月樹。雁夜鶯朝。醉倩扶頭。寒憑納手。非直老辭琴客。病謝楊枝。遂乃戎馬生郊。

綺羅換色。桃梗有同漂之懼。萱花問相見之年。魚山神女。未望同車。巫峽瑤姬。唯應感夢。徘徊獨舞。罽賓有自絕之鸞。寥廓孤翔。華表賸仙還之鶴。始知離騷有託。只屬離憂。別賦空裁。難名別理。帆風飛而徑去。人木立而長留。瀉鮫人之淚。奚止千珠。攬交甫之懷。唯餘寸珮云爾。

十、成惕軒　先生字康廬，號楚望，湖北陽新人。天性精敏，才思橫逸，自少於時俗好尚，一不屑意，而刻苦銳進於學，慨然有以文章經國之意。弱冠負笈武昌，從羅田大儒王葆心氏遊，益復肆力羣經，殫精百氏。民國二十年，湖南湖北等省均大水成災，哀鴻徧地，因作愁霖賦以悲之，藝林老宿，爭相推重，而有後賢之畏焉。抗日軍興，旅居重慶，口誅奸回，筆伐強寇，時論多之。其後歷任正陽法學院、政治大學、臺灣師範大學、中國文化學院、中央大學教授，從游學者極衆，卒卓然有所樹立。四十九年就任考試院考試委員，以迄於今。生平著作極多，計有汲古新議、考銓叢論、楚望樓詩、藏山閣詩、楚望樓駢體文等行於世。

先生襟抱恢宏，性情肫摯，提攜後進，不遺餘力，士有一藝可取，一長足采，無不獎飾有加，爲之延譽。嘗撰憐才好善篇，頗致慨於世風之澆薄，而思有以變易之。錄其詞如下：

僕自趨庭問學。粗聞大義。雅慕前修。輒榜聯語於居室曰。范希文任天下憂樂。馬少游稱鄉里善人。蓋推成己成物之言。用抒獨善兼善之志焉。

洎歷修途。罕逢樂歲。王仲宣之行役。荆楚風塵。庾子山之生平。江關詩賦。名場溷跡。世網攖懷。借馬無人。禮疏於縞紵。飲羊有術。利競於錙銖。嗟古道之寖亡。問橫流其安屆。他勿具論。即如鶺序曾親。雞窗夙契。衣冠之所遊處。壇坫之所唱酬。大抵翻手作雲。轉眼下石。動滋訕謗。橫肆觝排。鮮有以憐才好善爲念者。蛾眉見嫉。比於尹邢。蝸角交鬨。直逾蠻觸。非惟儒效弗彰之害。實亦世風日下之憂。

夫胞與民物。綱紀天人。策名淸時。潤色鴻業。上輝趙衰之愛日。下沛傅說之甘霖。廣化育於陶甄。盛招延於吐握。藥籠深貯。藻鑑澄懸。萬流仰若斗山。四海想其風采。是誠丈夫得志之所爲也。儻驥足靡騁。鵬圖莫申。則退擁絃歌。隱操風教。峙中流之柱。葆歲寒之姿。坊表羣倫。護持善類。友德星於塵外。播書種於焚餘。抑其次焉。

嘗觀往史所載。如退之之在中唐。永叔之在北宋。皆以碩學閎識。度越衆流。景星慶雲。照耀一代。而其愛才若渴。說士能甘。收瑰奇於巖穴之中。振滯屈於繩樞之下。往往吹噓有賴。曲借齒牙。稱薦爲勞。不避寒暑。序貽東野。俾諸子以其善鳴。策射東坡。讓斯人出一頭地。流風所被。遂能陶鑄一時之雄豪。昌明當日之治化。先正遺軌。百世可師。平生瓣香。二公爲最。及覽韓魏公故事。或謂魏公有相業。無文章。公言琦相而用歐陽修爲學士。天下文章。孰大於琦。富哉言乎。至公無我。益使不佞掩卷生敬。慨然想見其爲人。常以斯風。望之今日。幸者賢其一遇。竟寥寂以無聞。

昔胡震亨有云。詩道須前後輩相推引。李杜兩大家。不曾成就一後進。無以稱多士龍門。其說雖稍近偏激。要之才宜互借。學貴相師。莫爲之前。雖美不彰。莫爲之後。雖盛不傳。凡百皆然。又豈僅詩道而已哉。

自維樗散。頗識材難。雖謝內翰之能文。竊慕昌黎之薦士。二十年來。身忝試官。分當掄舉。故於憐才好善一事。尤所兢兢。每當闈棘初張。榜花待放。焚香默告。冀毋負於穹蒼。落卷搜看。懼偶失乎寒素。良以山多玉韞。海易珠遺。葉底啁啾。何處不聞窮鳥。雲端隱現。此中或遘眞龍。但令杞梓呈材。珊瑚入網。不迷五色之目。無積後來之薪。則致用差得其人。成功奚必自我。

至若敬禮髦彥。奬進孤微。發自寸衷。殆緣天性。或聞聲致慕。遠貽雙鯉之書。或傾蓋言歡。便訂隻雞之約。士有一長足采。一藝稱工。未嘗不拂拭蛇珠。摩挲駿骨。託深情於賞析。極片語之抽揚。

蓋嘗思之。白眼看人。終乖雅尙。赤心推我。迺見精誠。溫厚無邪。風詩早炳夫彝訓。涓埃不棄。江海始呈其大觀。果能恢廓襟靈。覃宣雨化。破除畦畛。弘衍薪傳。則邦步雖艱。士心無死。燈燈以之續照。葉葉以之承華。世運資人師爲轉移。典章與道術相融攝。而品物咸亨之理。乾坤不息之機。將於是乎在。伏生篤老。還傳博士之經。亭林遺教。載作匹夫之氣。斯固其明徵已。然則憐才好善之念。發之幾微。形諸踐履。其有裨於人紀國命者。詎不重哉。

區區茲意。時以語人。人或未之省也。今特爲我及門諸子言之。遙矢心期。並資勖勵。嗟夫。世正需才。人須寶善。雞鳴風雨。願君著祖逖之鞭。龍臥塵沙。何地乏豐城之劍。

其愛才若渴之情，恂恂長者之風，一一躍現紙上。庾徐健筆，振麗藻於一朝，李杜鴻篇，揚芳聲於百代，善惟止乎其身，澤靡被乎後進，持較今日，其氣象迥不侔矣。

自中原鼎沸，樞府南遷，吟詠之士，項背相望，擊鉢唱酬之風，蓋視前此爲加盛焉。然求其笙簧六藝，馳驟百家，拳拳忠愛，每飯不忘，喬木故國之思，時時流露於行墨者，則非李漁叔先生與成楚望先生莫屬。成氏今古諸體，不下千首，大率緝裁巧密，風調清新，其旨溫以厚，其音和以雅，其辭麗以則，格律本乎四傑，而情韻爲深，敍述類乎香山，而風華爲勝，是豈僅妙筆之生花，蓋亦其蘊積之獨厚歟。

至駢文風格，一如其詩，四十年間，所作逾三百首，其文備具衆體，無所不宜，探之而益深，索之而益遠，如三辰五星，森麗天漢，昭昭乎可觀而不可窮。或如泰華喬嶽，蓄泄雲雨，巖巖乎莫測其巔際。又如九江百川，波瀾蕩潏，淵淵乎不見其涯涘。人徒見其英華外發之盛，而不知其本固有在也。所謂蘊之爲德行，行之爲事業，發之爲文章者，殆可於此見之。今略錄一二首，以爲鼎臠之嘗焉。

還都頌

倭虜既降之明年。區宇乂寧。衆庶悅豫。上歌下舞。蹈德詠仁。日暖朱旗。拂鳴騶於道左。春融碧野。長芳草於江南。維時國民政府　主席蔣公。將自巴渝。言旋京闕。於是都人士女。相與摛辭讚事。以虔致其思慕之忱曰。

在昔風塵江左。召五馬以南來。鼙鼓漁陽。動六龍之西幸。患遺赤縣。庇失蒼生。固無論矣。若夫遷都改邑。盤庚以之中興。避狄居邠。太王因而創業。然或詢謀於災祲之後。遵養於屯晦之時。僅致阜康。未張撻伐。雖漢昌火德。北靖匈奴。唐振天聲。西平突厥。要亦力窮邊徼。事局方隅。從未聞蠲滌妖氛。奮揚武烈。重光禹甸。盡剪胡雛。有如今日之盛者。此蓋由我　主席識洞幾微。憂深宵旰。卽戎之敎。早漸於七年。軍實之儲。預討於平日。外修信睦。馳九譯之狄鞮。內飭綱維。肅三章於象魏。用是天人合應。遐邇通情。星拱北辰。馬來西極。奮熊羆之多士。殪蛇豕於中原。合彼蒼兕之軍。還我黃龍之府。勝殘去殺。除舊布新。開萬世之太平。爲生民所未有。

夫地靈人傑。美相得而益彰。地利人和。功庶幾其克奏。欲建非常之事業。必資雄秀之山川。故楚以漢水爲池。趙有井陘之隘。丸泥函谷。一夫便足當關。天塹長江。千騎不容飛渡。守國之要。於史可徵。況乃變起強鄰。毒痡上國。遼海迷歸來之鶴。津橋咽淒厲之鵑。鐵鎖已沉。金甌待補。有不建瓴設備。經野制宜。而能茂育羣生。恢復疆宇者哉。

方倭虜之犯我燕薊也。戶庭洞開。強弱異勢。兇鋒所及。樂土爲焦。北門之鎖鑰既隳。南國亦烽煙告警。於時三光斂曜。八表同昏。龍虎失其踞盤。犬羊據爲窟宅。滄海幻桑生之劫。故墟聞麥秀之歌。天步方艱。人心滋懼。

主席淵謨默運。燭照無遺。知雍梁關繫國族之安危。巴蜀又爲雍梁之根本。乃眷西顧。作我上都。以重慶爲戰時首府。渙汗大號。光昭四方。扼長江之上游。控沃野者千里。於是繕城郭。謹關津。廣市廛。闢塗術。恢其舊制。煥若新邦。百堵具興。四門載穆。篳路藍縷。極締造之艱難。茅茨土階。返淫奢爲淳樸。務商君之農戰。作晉國之州兵。所貴惟賢。所寶惟穀。取之以道。用之以時。德音播於管絃。膏澤洽乎黎庶。赫然一怒。張我六師。涖葵丘以主盟。儆棘門之兒戲。旌旗耀日。鼓角鳴秋。重瀛急汗馬之趨。列陣互搏蛇之勢。窮追逋寇。生縛降王。復九世之國仇。高揚漢幟。蘇萬方之民困。再覩堯天。重慶幸列陪都。欣傳凱唱。匪惟普天之同慶。實亦曠代之殊榮。

粵稽陳編。蜀號天府。通夷始於司馬。出師著夫臥龍。秦漢基之以代興。魏吳相與爲鼎足。石室溥絃歌之化。玄亭稱詞賦之雄。蔓子成仁。炳將軍之毅烈。眉山競爽。蔚學士之清華。固已早爲文敎之邦。形勝之地矣。至其東鄰郢郡。北接秦關。鬱峽谷之幽深。莽郊原其蕃廡。家饒橘柚。地盛桑麻。筇竹杖輕。郫筒酒美。錦濯江頭之水。鹽煎井底之泉。蹲鴟遍伏於岷山。寡鵠致富於丹穴。是又寶藏充物。土物豐穰。寧彼磽确之區。所可同日而語哉。

軍興以來。人懷自效。毀家紓難。爭輸卜式之財。報國請纓。甘化萇弘之血。飛挽芻粟。馳騁沙場。百戰曾經。九死無悔。重慶近瞻樞府於咫尺。迭受寇機之侵凌。毒鳶退飛。哀鴻叢集。堅城屹立。衆志不渝。卒能返汶陽之舊田。歸趙庭之完璧。河山無恙。蠶叢自固於巖疆。日月增輝。氛氣已消於海宇。斯則天開景運。時際昌期。非假神明之奧區。固無由濟茲艱鉅。不有挺生之人傑。更無以光我玄靈也。

惟是建國伊始。百緒紛陳。用兵之餘。千瘡未復。國家所期望於重慶者。將與日以俱新。而重慶所仰賴於國家者。正方興而未艾。允宜隆陪京之體制。樹宏業之規模。臥虹影於清波。河梁待建。趨鼂舃於彼岸。舟楫猶勞。所謂兩江鐵橋者。實願假以大力。竟其全功。他如三峽水閘之創修。成渝鐵道之興築。必加督課。始克觀成。爰趁元戎返旆之辰。竊附野人獻曝之義。粗陳涯略。用效涓埃。所冀旌節常臨。襜帷再駐。識舊時之雞犬。定比新豐。數開國之魚鳧。無忘蜀道。萬邦和協。看永平東海之波。百歲康寧。請共上南山之頌。

山房對月記

綿綿遠道。東西南北之人。黯黯流光。離合悲歡之迹。羨閒鷗物外。直忘黍谷暄寒。問皎兔天邊。幾閱蓬瀛清淺。試稽弦望。用志滄桑。

粵當弱冠之年。適遘多艱之會。掠郡而角方倡亂。辭家則粲賦從軍。揚彼秋帆。憩於夏口。爾乃馮夷肆虐。黔首罹災。平陸成江。訝老蛟之未死。層樓獨夜。招黃鶴而不來。濕螢與墜露爭飛。澤鴈共寒蘆一色。挽瀾無計。橫槊誰歌。極人事之蕭條。嗟江山之搖落。此漢皋之月也。

嗣旅上京。欣瞻弘業。龍蟠虎踞。盛開一代風雲。草長鶯飛。消盡六朝金粉。眷懷名蹟。刻意清游。嘗坐花以攬澄輝。或瀹茗而消永夕焉。天不祐漢。海忽揚波。見迫強鄰。遂興義戰。時則驚烏繞樹。突騎窺江。傍桃渡以星稀。望蘆溝而雲暗。磨牙鯨鱷。自矜海國之雄。赬尾魴魚。眞痛王城之燬。拜手向紫金陵墓。敢告在天。舉頭指白玉樓臺。終當還我。相看寥廓。無限低徊。此南都之月也。

樓船西邁。蜀道天高。憑萬夫莫開之關。當半壁方張之寇。修其器甲。固我山川。雖胡馬之牧臨洮。難踰跬步。而火牛之扞卽墨。罔及層空。警訊頻傳。良宵每負。穴中人靜。惟翾蠛之堪聞。竿上燈青。知毒鳶之已遁。星河依舊。歲籥載更。俄而港陷珍珠。島焚玉石。彊弩朝挫。降幡夕張。迴日馭於瀛邊。扶桑半萎。湧冰輪於劍外。爆竹齊喧。戲語素娥。行辭白帝。此巴山之月也。

薊北新收。江南亟返。錦帆去也。三聲啼巫峽之猿。玉宇紛然。萬貫舞揚州之鶴。舊巷偶尋馬糞。文物都非。疏簾重認蛾眉。嬋娟未滅。朱絃翠袖。歌垂楊曉岸之詞。綠醑華燈。度玉樹後庭之曲。無何而烽傳青犢。劫墮紅羊。彌天騰鼓角之聲。大地碎山河之影。銅仙淚滴。寶鏡光沉。隋堤柳以棲鴉。淒其隋苑。撫煙蘿而駐馬。別矣吳山。此滬杭之月也。

金甌再缺。鐵幕四垂。轉徙羊城。掲來鯤嶠。故園歸夢。託河葦以徒勞。倦客羈愁。隨階蓂而共長。杜鵑枝外。咽笳吹於三更。銅馬聲中。莽關河其萬里。鄉心五處。思白傅之弟兄。皓魄連宵。憶鄜州之兒女。誰遣晶盤出海。盛淚遙年。但期銀漢分潮。洗兵來日。此蓬壺之月也。

行役四方。閱時卅稔。蟾圓天上。纔得三百六十回。蟲劫人間。何啻百千萬億數。月猶是也。而陵谷推遷。波雲詭譎。覩崇臺之鹿走。聽荒埭之雞鳴。蓋有不勝其駭愕悵惋者焉。所願氛埃掃卻。桂魄增瑩。笑語迎來。柳梢無恙。清樽對飲。長娛伉健之身。虛幌同看。更接光華之旦。

觀其劖刻淬鍊，老勁尖新，六朝渾厚之氣，三唐蘊藉之風，兩宋淡雅之致，均於是乎在，可謂有體皆備，無美不臻，卓然爲民國以來一大家焉。

其他作品，雄渾者有重印五種遺規序，別致者有美槎探月記，精拔者有履端三願記，清圓者有螢橋納涼記，妍潤者有荔莊吟稿序，輕倩者有遊指南宮記，哀婉者有呂姑祠記。若乃氣體清華，使事貼切者，則有南雍今昔記。芊綿其語，摧惻其懷者，則有棲霞集序。夭矯騰驤，負聲結響者，則有迴波閣曲稿序。詞采精拔，神情宕逸者，則有壺樓記。游思綿邈，興會飈舉者，則有蕭寺秋遊記。清詞戛玉，高響入雲者，則有花延年室詩序。摛藻瑰麗，吐屬典雅者，則有魚千里齋隨筆序。工力深重，風調諧美者，則有現職銓定人員資格考試及格人員名錄題記。裔皇典重，汪濊博富者，則有還都壽元首文。詞匀色稱，氣靜機圓者，則有李義山詩評論序。文霞淪漪，緒颺搖曳者，則有韜園續集序。峭拔古腴，姿致蔚然者，則有楚望樓詩自序。宏裁高論，卓爍異采者，則有歷代駢文選序。瓌辭博練，奥義環深者，則有張知本先生八十壽序。此外，如晚悔樓詞序之骨氣端翔，音情頓挫。中華大辭典序之清約謹嚴，鉛華弗御。薪夢廬詩文稿序之詞意蒼涼，聲調激楚。瀛洲校士記之嘉詞絡繹，裁對精工。跋張文襄治鄂記之憑弔往哲，一往情深。藏山閣詩自序之風韻跌宕，筆力靖凝。吳禮卿先生七十壽序之麗詞雲簇，縟旨星羅。來鳳簃記之氣息淵醇，風神散朗。纕蘅詩鈔序之哀思無限，淒韻欲流。與日本木下彪教授書之古質璘彬，符采相勝。玄廬賸稿序之敍次明晰，鍛鍊精純。曲學例釋序之律呂諧和，宮商輯洽。南都典試與人書之情文相生，華實並茂。張岳軍先生壽序之擺脫町畦，高朗秀出。金門頌之瑰異崇閎，凌厲駿邁。于右任先生壽序之格老氣蒼，筆力健舉。薛玉松女史遺詩序之餘音悽惻，不絕如縷。凡此皆嘔心瀝血，鏤肝鉥腎之作，足以藏之名山，傳諸其人者也。

總之，成氏之文，雖係鎔鑄百家，不宗一派，但講求寫作之技巧，重視時代之精神，無論形式內容，並皆充實。加以舊學湛深，海涵地負，所作多清新純懿，而有儒者風，故能於新潮陵蕩之時，文苑塵霾之會，潤色鴻業，振藻揚葩，使此最足以表現中國文字優美之駢文，不致作廣陵之絕，厥功偉矣。趙甌北詩云：「江山代有才人出，各領風騷數十年。」眞不啻爲成氏詠也。

開國六十年來，工爲儷體者，蔚有其人，除上舉十家外，或以遺文難覓，遂付闕如，或以專集未刋，無從采掇。其已逝者，有馮煦、朱銘盤、王式通、孫雄、張其鍠、王西神、汪國垣、張孟劬、瞿兌之、喬曾劬、溥儒等。而現猶健在者，如潘重規、林尹、高明、李漁叔、孫克寬、劉象山、戴培之、張齡、謝鴻軒、許君武、曾霽虹、劉孝推、婁良樂諸君子。或追摩魏晉，或步武齊梁，或馳驟三唐，或瓣香兩宋，或轔轢元明，或奄舌遜清，雖殊塗揚鑣，人各爲體，要其取材立意，琢句裁章，則皆超軼流俗，富有日新，固足以炳煥人文，聿光其代矣。

（民國六十年十月完稿・六十六年四月修訂）